「風水理論包括顯著的美學成份和深刻的哲理，中國傳統建築物與大自然環境完美和諧的結合，令中國的建築文化美不勝收。中國各地的田園、房屋、鄉村，美景如畫，都可證明此點。風水理論實際是地理學、氣象學、景觀學、生態學、建築學等等的綜合自然科學。重新探討風水的精髓和具體操作，在今天可說極具意義。」

——英國著名科學家李約瑟 (Joseph Needham)
《中國科學與文明》作者

「我不懂風水，但我深信風水有其道理。」

——美籍華裔建築大師貝聿銘
法國羅浮宮玻璃金字塔
及香港中銀新廈設計師

玄司寧著　《風水縱橫》

風水縱橫

玄司寧　著

玄司寧著　《風水縱橫》

這本中文紙本書乃專門為付費讀者製作。
請尊重作者權益，
切勿任意修改、複製、刪節、轉寄或轉售其內容，
以免觸犯著作權法。

《風水縱橫》
作者：玄司寧 (Cyril S. Yuen)
（第二版）

2017年由電書朝代 (eBook Dynasty) 製作發行
IngramSpark 印刷出版，推廣銷售
電書朝代為澳洲 Solid Software Pty Ltd 經營擁有
網站：http://www.ebookdynasty.net/
電子郵件：contact@ebookdynasty.net

中文電子書於2016年由電書朝代製作發行
http://www.ebookdynasty.net/Lifestyle/Yuen/indexTC.html

目錄

初顯身手—語中的（代序）	12
第一章：奧妙傳統源自智慧	**15**
1. 中國古老的學問	16
2. 從起源到顛峰	18
3. 定向羅經斷吉凶	20
4. 羅盤體現古人的智慧	22
5. 哲學基礎深厚	24
6. 宇宙的總體架構	26
7. 從擇地萌長起來	28
8. 三元、九星、五行	30
9. 順天者吉逆天者凶	32
10. 勢來起伏是行蹤	34
11. 三年尋龍十年點穴	36
12. 山川的龍氣	38
13. 生活的自然產物	40
第二章：妙奪神功知窺天巧	**43**
1. 古人如何相地	44
2. 中軸線佈局	46
3. 四神各就其位	48

4.	德厚與惡盈	50
5.	氣局兩全才算福地	52
6.	重視和諧之美	54
7.	歷史名都均建基龍脈地形	56
8.	太歲可坐不可向	58
9.	理想的上下三停	60
10.	脈氣與水神	62
11.	山清人貴山歸人聚	64

第三章：山川靈氣日月精華　　67

1.	山川靈氣與日月精華	68
2.	宅地吉凶的關鍵	70
3.	水流宜朝抱有情	72
4.	玉帶有情水	74
5.	欣賞山水之美	76
6.	水口的營建	78
7.	山川形勢有情與無情	80
8.	永存宇宙之間	82
9.	水的吉凶觀	84
10.	吉凶與善惡	86
11.	風生水起難言大吉	88

第四章：古今中外皆受影響　　91

1.	西方建築師陶醉風水	92

2. 西人風水熱潮方興未艾　　　　　　94
3. 心理學家的建議　　　　　　　　　96
4. 流落海外的名著《平龍認》　　　　98
5. 風水理論中的儒道　　　　　　　　100
6. 風水與佛教　　　　　　　　　　　102
7. 風水與道教　　　　　　　　　　　104
8. 廣泛的社會基礎　　　　　　　　　106
9. 風水經典《雪心賦》　　　　　　　108
10. 龍角與龍耳　　　　　　　　　　　110
11. 江西派與福建派　　　　　　　　　112

第五章：藏風．得水．聚氣　　　　　115

1. 藏風．得水．聚氣　　　　　　　　116
2. 不得真龍得日月　　　　　　　　　118
3. 與大自然合一　　　　　　　　　　120
4. 生氣行地藏風聚水　　　　　　　　122
5. 氣——萬物本原　　　　　　　　　124
6. 氣——神秘的力量　　　　　　　　126

第六章：核心精華融入建築　　　　　129

1. 古代的都市規劃　　　　　　　　　130
2. 突破千古謎題　　　　　　　　　　132
3. 建築理論的精華　　　　　　　　　134
4. 融入新建築範疇　　　　　　　　　136

5. 著名建築師之言　　　　　　　　138
6. 肯定風水術的貢獻　　　　　　　140
7. 另類環境地理學　　　　　　　　142
8. 協調天地人關係　　　　　　　　144
9. 青烏與青鳥　　　　　　　　　　146

第七章　住宅佈局呼應自然　　　149

1. 筋骨交連血脈均　　　　　　　　150
2. 宅之吉凶全在大門　　　　　　　152
3. 反映避雷功能　　　　　　　　　154
4. 住宅宜負陰抱陽　　　　　　　　156
5. 坐享自然的清趣　　　　　　　　158
6. 宅前忌桑宅後忌柳　　　　　　　160
7. 住宅與樹木　　　　　　　　　　162
8. 樹木保風水　　　　　　　　　　164
9. 栽種植物的禁忌　　　　　　　　166
10. 歸有光的「項脊軒」　　　　　168
11. 苔痕上階綠　　　　　　　　　170
12. 住宅的禁忌　　　　　　　　　172
13. 尺寸之間榮枯頓異　　　　　　174
14. 大門——氣口氣道　　　　　　176
15. 大遊年變爻　　　　　　　　　178

第八章：催子．文昌．桃花　　　　　　　　**181**

1. 八宅派催子法　　　　　　　　　　182
2. 趣談「催子局」　　　　　　　　　184
3. 污穢文昌影響子女學業　　　　　　186
4. 書房佈局三宜三忌　　　　　　　　188
5. 利旺桃花的房屋　　　　　　　　　190
6. 何類住宅易生婚變　　　　　　　　192
7. 一家四人金榜題名　　　　　　　　194
8. 風水敗局拖累家運　　　　　　　　196
9. 大吉風水可招大凶　　　　　　　　198
10. 凶宅奇異怪事　　　　　　　　　　200
11. 特殊氣場形成凶宅　　　　　　　　202
12. 歐陽修出殯日反凶為吉　　　　　　204

第九章：臥室時鐘鏡與魚缸　　　　　　　　**207**

1. 魚缸忌過高　　　　　　　　　　　208
2. 臥室安床有成規　　　　　　　　　210
3. 時鐘具備風水功能　　　　　　　　212
4. 鏡子容易吉變凶　　　　　　　　　214
5. 月亮門不宜胡亂設置　　　　　　　216
6. 港巨富在多倫多大宅　　　　　　　218
7. 高輻射物業避之則吉　　　　　　　220
8. 地輻射與風水　　　　　　　　　　222

9. 火水不容又一章 224
10. 泰山石敢當 226
11. 認為不足為信 228

附錄一：如何揀選吉利旺宅 **230**
附錄二：加拿大報紙專訪文章 **232**

玄司寧著　《風水縱橫》

初顯身手一語中的（代序）
——雅零

　　門生玄司寧力作《風水縱橫》，電子版和印刷版同步推出，來電邀請為新著作序。電光火石間，腦際驟然浮起一件塵封多年令我深感欣慰的難忘往事……

　　這位學貫中西（幼受文言文庭訓；畢業於加拿大百年老牌名校麥基爾大學；通曉英、法、義語；兼具國際認可英國語文學家協會高級翻譯文憑）的年輕人，在跟隨我研習歷代風水典籍的後期，接受一位任職銀行高層的西人朋友邀約，替對方即將用作婚後愛巢的新居擺位佈局。司寧開盤後察覺，該宅氣場惡劣，敗局畢呈，遂引用古籍理論據實相告：如此氣場、敗局，再加上主房夾角桃花窗配白虎凶門，夫婦化離的機率高達九成。主人面露難色，因安排已定，難作改變，最終決定如期遷入。事僅一年，女方另結新歡，恩愛夫妻果然分手。男主人事後獲鄰居告之，上手租客也是婚變遷離。

　　司寧最初曾追隨一位鑽研風水逾四十年的得道高僧研習「十六禪法」，結業後再進入我書齋，接受指引閱覽歷代風水典籍，吸取書中精粹。憑著良佳的古文學養，我每次稍加闡釋，他立即融滙貫通。

　　上述個案尚屬他首次初顯身手，居然旗開得勝。他賴以

作出準確判斷的依據，源於明代成書的名著《宅舍秘笈》。司寧緊記書中論斷，深知「夾角花窗白虎門」格局主凶，足以擾亂宅內氣場，導致陰陽差錯，一方吉氣到戶，另一方凶星入宅，引發婚外情，出現桃色糾紛，夫婦關係難免破裂，因而作出判斷時得心應手，即時一語中的。

　　本書《風水縱橫》共計九章九十九篇，另加附錄二篇。全書廣泛涵蓋從先秦風水術孕育初期、在魏晉南北朝興起、至隋唐五代漫延、宋代盛行、而至明清兩代泛濫、以及現代備受海內外賞識重視等等，各個不同時期的一些史料掌故和實際操作，內容既有管子所說的「料事務，察民俗」，也有《四庫全書．術數篇》描述的「相人相物，相宅相地」。

　　書中前半部著重經典理論和史料；後半部以日常生活常見的風水問題為主調，揉合了趣味性和知識性，頗堪讀者細嚼品味。

玄司寧著　《風水縱橫》

玄司寧著　《風水縱橫》

第一章　奧妙傳統源自智慧

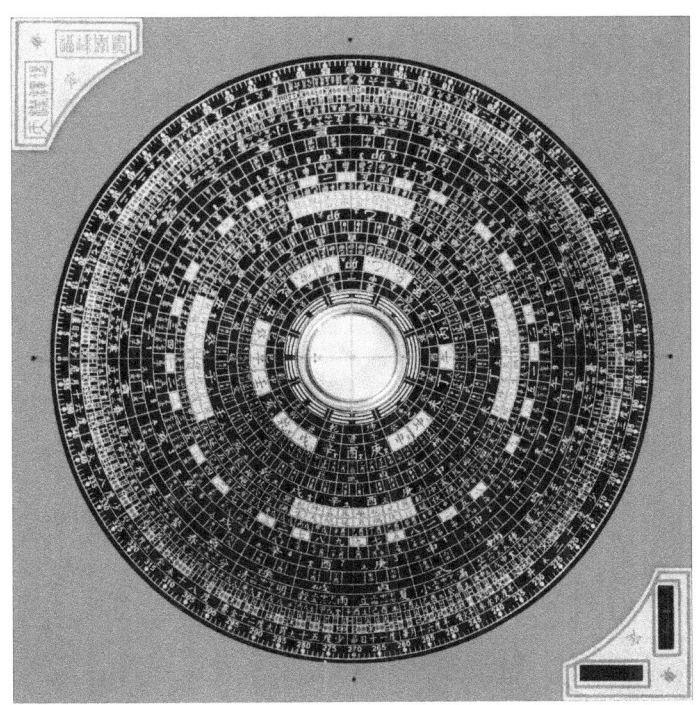

中國古老的學問

早在原始社會，先民就知道擇地而居，《墨子．辭過》說：「古之民，就陵阜而居，穴而處。」陵阜就是河川的台階地帶，容易汲水捕魚。這正是後世風水家提倡的「近水而居」的原則。

考古發現，新石器時代半坡遺址幾乎所有的房屋都是坐北向南。這樣的坐向有冬暖夏涼的效果。這也是後世風水家所推崇的「子午向」原則。

《周禮》記載的土宜法，宣揚天地相應觀念，將天上十二星宿位與地上十二區互相結合，作為判斷吉凶的依據，教導百姓占視居處，趨利避害，可說都是風水觀念的雛型。

風水的核心內容，是人對選址和處理居住環境的一種學問，是人們渴望天人和諧而採取的一種自我完善的手段。在缺乏現代地質學、氣象學、水文學和建築學等科學知識的時代，古人只能根據當時的知識水平認識環境，解釋他們所遭遇的各種問題，出現若干附全和偏差，在所難免。

近年來，西方的學者對中國這門古老的學問表現了濃厚的興趣，有不少人正在進行專門的研究。在國內，官方的出版社也一改以往不屑一顧的態度，相繼出版大批研究風水的專書。

由江蘇東南大學出版的《風水探原》，作者深入五省實地調查，搜集了大量第一手資料。該書對風水給予極高的評價：「風水理論主要源於觀察和改造自然的體驗，凝聚著中國古代哲學、科學、美學的智慧，給中國建築注入特有的美妙傳統和哲理意趣。」

　　廣西人民出版社出版的《神秘的風水》說：「風水是從古代沿襲至今的一種文化現象，一種擇吉避凶的術數，一種有關環境與人的學問，一種理論與實踐的綜合體。」

　　中央民族學院出版的《住宅風水勘吉凶》也對風水持肯定的態度，認為風水應該呼做「地球磁場與人類關係學。」

從起源到顛峰

　　早在先秦時期，相地的知識就已很豐富了。先民選址建宅，都懂得選擇坡度台階地、土質乾燥、地基堅實、水源充足、林木茂盛的地方。這些原則正是後世風水理論的基礎。

　　秦統一以後，地脈觀念興起，其後又有了王氣觀念。秦人重視墓葬的吉凶，韓信擇「高敞地」葬母，就是一個例子。

　　到了西漢，相地術空前發達，漢武帝時，出現了大批上觀天文，下察地理的堪輿家，風水觀念逐漸萌芽。

　　東漢時候，民間重視喪葬。王充的《論衡》有多篇論及當時的風水忌諱。《後漢書》更記載了很多與風水有關的事件，提到有人因相信風水而大富大貴。東漢的風水觀念對後世影響深遠。當時的人興建房屋忌諱先建圍牆；建屋之前須先建通路；墓地不能過於緊閉。這都是徐孺子所說的「囚」字禁。漢安帝時，太子患大病，時人謂他觸犯了土禁——「犯土」。

　　魏晉時代，風水宗師輩出。管輅、郭璞都是那時候的奇才。管輅善於推測陰、陽宅怪異，還能占生死。《三國誌》的管輅傳所介紹的奇聞，都是人們津津樂道的故事。郭璞撰寫的《葬書》（後世專稱為《葬經》），是一部風水經典之作。後世的人稱郭璞為風水鼻祖、相地宗師。

在唐、宋時代，《葬書》大行其道，羅盤廣泛應用，風水逐漸形成了體系和流派，出現了江西、福建兩個中心。江西派又叫形勢派、巒頭派；福建派又稱宗廟法、屋宅法。

　　明代出現了著名的風水奇人劉伯溫，他曾替朱元璋相地建都和造宮殿。他所撰寫的《堪輿漫興》至今仍廣為流傳。

　　到了清代，風水發展達到顛峰，上至皇室，下至民間，全民皆信。風水理論進入正規化。官方主持編纂的《永樂大典》、《四庫全書》和《古今圖書集成》都收錄了風水理論。

定向羅經斷吉凶

定向是繼尋龍、察砂、觀水、和點穴之後的第五個判斷吉利風水的步驟。

的確房屋或墳墓的座向，主要的測量工具是羅盤。羅盤是風水先生的必備之物。自從明朝永樂天啟以來，歷代都有專書論述羅盤的用途。

羅盤包羅萬象，兼備經緯天地之義，因此尊稱為羅經。風水家認為，羅盤具有呼風喚雨的異能，既可相天，又可測地，還能推時。清代葉泰撰寫的《羅經解》說，羅經可以「乘氣、立向、消砂、納水」；「測山川生成之純爻，以辨其地之貴賤大小」；「凡天星、卦象、五行、六甲也，所稱淵微浩大之理莫不異具其中也」。

風水家認為，羅盤可以測定天地間的「氣」，這種氣有金、木、水、火、土五種不同的屬性。在不同的季節，氣的盛衰不同，例如春天木氣旺盛，而火氣、金氣、水氣則分別旺盛於夏天、秋天和冬天。

不同方位，氣的盛衰也各不相同，例如北方水氣旺，南方火氣旺，東方木氣旺，西方金氣旺。風水羅盤把時間和方位結合起來，便可判斷某一方的氣對某人是吉是凶。

陰陽二氣平衡，而且能夠「聚氣」，再配合吉時吉向，

這樣的地方即可得到天地之氣滋生萬物。否則，即使把房屋或墳墓修建在風水寶地上，都會因為得不到天地生氣，而不能使後人旺發。

羅盤的種類很多，有的只有兩三圈，有的則多至四十幾圈。這些圈層分別標上八卦、天干、地支、二十四山、二十四節氣、九星、穿山七十二、黃道十二宮、二十八星宿等，可說是古人對宇宙認識的一個縮影。

羅盤基本上由三盤三針組成，即天盤、人盤、地盤，和正針、中針、縫針。正針即天池內磁針所指子午方向。風水家通常用此針格定來龍，測定坐山的方位。

羅盤體現古人的智慧

羅盤又稱為羅經，是看風水的必備之物。羅盤的類型很多，簡單的只有二三圈，較為複雜的則多至四十多圈。

自古以來，風水家認為羅盤既可相天——乘氣、立向、消砂、納水、又可測地——「測山水生成之純疵，以辨其地之貴賤大小」，還可推時，因此具有呼風喚雨的異能。

羅盤包羅萬象，集陰陽二氣、八卦五行之理、河圖洛書之數，天星卦象之形的大成。自明朝永樂天啟以來，代有專書論述羅盤的用途。明人撰寫的《魯班經》中測量方向的方法，也由北宋《營造法式》的土表一變而用羅盤。

羅盤一般由三盤以及三針組成，上有正針、縫針、中針之分，又有天盤、地盤、人盤之分。有的風水先生用正針度天，有的用正針格龍；有的用縫針測地，有的用縫針定向。

羅盤體現了古人的智慧，他們將天、地、人三者的關係統一起來，將磁極子午（正針）、臬影子午（縫針）和北極子午（中針）之間的關係準確地反映出來，並且將氣、理、數、形等因素加以協調，這不能不令人大感佩服。

現代物理學家的研究指出，磁針所指南北，並非地理的子午線，其間存在著磁偏角。正針與縫針錯開半格，實在於對磁偏角的校正。三針和三盤的設計，都頗有科學道理和哲

理，蘊藏著古人對地磁偏角和人體的某種心理、生理聯繫的認知和處理。羅盤是中國哲學的天、地、人合一思想在建築上的實際應用。

　　風水家可以根據羅盤天池內磁針的晃動狀況，判斷地質的優劣，確定是否有「雜物」在旁。這種方法稱為「羅盤八奇」——搪、兌、欺、探、沉、遂、側、正。上述八奇中，七者均屬不吉地，只有最後一奇——正，即收藏中線，才是吉地。

哲學基礎深厚

風水學在中國傳統的社會中流行和滋長，歷二千多年而不衰，那是因為它有深厚的文化根基，尤其是哲學根基。

風水經典著作之一《皇帝宅經》所提出的「宅者乃是陰陽之樞紐」觀念，進一步衍生出陰陽二元對應體來，將山川形勢分為陰陽，以陰陽統攝大小不同層次的二元對應，形成了龐大的風水架構。

在傳統哲學上，陰陽的交替是事物變化的規律。「陰」的特點是幽暗，指日光照射不到的山的北面；「陽」的特點是高明，指日光照射得到的山的南面。陰陽的概念早在殷周時代就產生了。

後來的人又以陰陽的消長更替說明四季寒暑二氣的變化以及日月運行的規律。在《左傳》和《國語》中，都有這一類的記載。

第一個用陰陽解釋天地之萬物性質的人是老子。他認為「萬物負陰而抱陽，沖氣以為和」，天地萬物莫不由陰陽二氣相交而生，因而都具有陰陽兩方面的性質。

到了春秋戰國，有一派陰陽家認為，「陰陽者，天地之大理也」。並以陰陽觀念為核心，構築一個涵蓋了天地人事的思想體系，用以解釋天地萬物的構成。

陰陽哲學對風水學影響最大的，要算《周易》了。《周易》的卦爻辭並無反映陰陽觀念，只是到了戰國時期，人們受到陰陽學說的影響，才以陰陽觀念解說易卦，因此《莊子》有「易以道陰陽」之說。

　　風水學的陰陽二元對應體系，就是建築在這樣的哲學基礎之上。山幽水明——山屬陰，水屬陽。以山而言，俯地為陰，仰天為陽；脈斷為陰，脈合為陽。就水而言，清澈明麗為陽，混濁幽暗為陰；流水湍急者為陽，流水緩慢者為陰。既有原始字義的延伸，又有哲學觀念的應用。

宇宙的總體架構

陰陽家以五行、八卦、四方、四時、五音、十二月、十二律、二十八宿、天干、地支等等互相配合，構成宇宙的總體架構，這個架構對風水具有特別重要的意義——由卜宅相宅的活動昇華到理論階段。

五行最早見於《尚書．洪範》；八卦最初見於《易經．繫辭》；陰陽二字的起源更早，在甲骨文中已有記載了。漢代的董仲舒將五行、八卦、陰陽緊密結合，形成了風水理論的根本基礎。

根據五行相生相剋原理，自然界的所有事物都具有五行的屬性，從而發生相生相剋的關係。這種關係成了風水判別吉凶的最基本準則。

五行在相生相剋之外，還與方位、四時、四獸、數字等建立密切的關係。對神秘數字的迷信，可以說是中國傳統文化的特徵之一，有關五行與數字、方位關係的古籍極多，河圖、洛書是其中之一。

五行觀念最初的內容，反映的是星辰的運行；陰陽觀念反映的是寒暑的交替；至於八卦象數，是用卦爻作為序列符號，配合變化，解釋世界。象數的內容繁複而龐雜。最早流行的八卦圖，相傳為周文王所作，後來宋儒根據東漢魏伯陽

的《周易參同契》作「伏羲八卦圖」，當作一種先驗的世界圖式，稱為「先天八卦」；「文王八卦圖」則稱為「後天八卦」。

「先天八卦」確認宇宙的本體，立足於自然；「後天八卦」提供運用的模式，著重於人事。風水術的理氣法，以後天八卦的運用模式為主，用它與九宮相配合，作為地盤，固定不變；作為天盤以論元運，因時而變。

象數之學還將八卦配以十干，稱為「納甲」；其六爻配以十二支，叫做「納支」。這些都已成為風水理論中的重要概念。馮友蘭的「中國哲學史」對此有明確的解釋。

從擇地萌長起來

在遠古時候，人們雖然還沒有產生風水的概念，但一些人的所作所為，與後世興起的風水術有頗多相通之處。

《詩經．大雅》有一篇公劉詩，據毛亨註說：「公劉居於邰，而遭夏人亂，追逐公劉，公劉乃辟中國之難，遂平西戎，而遷其民邑於豳焉。」

該詩第二章記載了公劉遷邠時察看地形的情事。為了使民眾在遷徙後的民邑住得安逸，公劉於是不辭勞苦，登山下坡，反覆察看地形。「逝彼百泉，瞻彼溥原。乃陟南岡，乃覯於京。」「度其夕陽，豳居允荒。」

古人的屋宇，即使是夏禹的官室，都很簡陋，只求避風寒入侵，不尚奢華。因此《淮南子．本經訓》說：「古者明堂之制，下之潤濕弗能及，上之霧露勿能入，四方之風勿能襲，土事不文，木工不斲，堂大足以周旋理文，靜潔以享上帝，禮鬼神，以示民知儉節。」可見當時的人根本沒有吉凶禍福的風水概念，後來才逐漸形成了「地善即苗茂，宅吉即人榮」以及「人之福者，喻如美貌之人。宅之吉者，如醜陋之子得好衣裳，神采尤添一半。若命薄宅惡，即如醜人更人衣敝，如何勘也，故人之居宅，大須慎擇」等等的論說。

無論是住宅、村落、城鎮或國都，在興工建築之前，首

先遇到的問題是如何選擇地基。《管子．乘馬》說：「凡立國都，非於大山之下，必於廣川之上，高毋近旱而水用足，下毋近水而溝防省。」同書的《度地》又說：「聖人之處國者，必於不傾之地，而擇地形之肥饒者。」

顯而易見，最初的風水信仰是從擇地萌長起來的，逐漸形成了對龍、穴、砂、水的體認，進而發展了氣、理、形、數互為結合的奧理。

三元、九星、五行

　　三元、九星、五行，是理氣法闡釋體系中的三個主要因素。

　　按照風水理論，三元是指上元、中元和下元，每元有六十年。上元為第一個甲子六十年，前二十年為一運，中二十年為二運，後二十年為三運，中元和下元依此類推。三元合共九運，即一百八十年為一輪迴。每運各有其運星，例如一運以一白為運星，九運以九紫為運星，紫白之星是順推的。

　　每年又有一星之事，例如甲子年一白主事，乙丑年九紫主事，丙寅年八白主事，紫白之星是逆推的。

　　對於人的命運來說，三元九運可用於推算其八卦五行的屬性。推算的法則，男的用逆序法，女的用順序法。男子生於上元甲子年為坎命，乙丑年為離命，丙寅年為艮命。女的生於上元甲子年為艮命，乙丑年為乾命，丙寅年為兌命。

　　至於九星的飛佈，即運星入值中宮，他星則依照乾六、兌七、艮八、離九、坎一、坤二、震三、巽四的次序飛佈九宮。

　　在五行生剋方面，關係共有五種。以木為例，水生木，為「生我」，屬最吉；木剋土，為「我剋」，屬次吉；木生火，為「我生」，屬次凶；金剋木，為「剋我」，屬最凶；

木興木，為「同我」，則屬中吉。

　　五行是中國人的思想律，其中的生剋關係是根據經驗而歸納出來，也可以說是從已知推向未知的一個依據。

　　在理氣法之中，無論是三元九運，還是飛佈九星，都必須納入五行生剋的關係中，才能夠制定吉凶。

　　理氣法最終的目的，是通過年運於宅的坐向，推算影響人的命運的時空因素，進而占算人對這些因素的最佳選擇，把握機遇。

順天者吉逆天者凶

古代的中國人在傳統上相信天命，認為「生死有命，富貴在天」；順天者吉，逆天者凶。這種源自「天人感應」的文化心態，大大助長了風水術的流行。

風水術將人的吉凶禍福融合於人與自然環境的感應中，將山川神靈等同天命。這種意識蘊含著對自然的敬畏，力求與自然環境諧合，以免受到凶報。

人既畏天命，又希望改變天命，希望與自然環境的諧合能改善自己的命運，風水術的流行正是這種心態的反映。

風水家在相宅的運作之中，將無形的天機轉為具體的吉凶禍福，透過勘測的形式，使人們相信自己的命運連結在這宅地的環境中，力求以選擇去順應天命。因此，從審地形、定坐向、辨方位以至擇吉日，都是對天命的順應，藉此趨吉避凶。

在風水術中，不論是巒頭法還是理氣法，最終目的是將環境中的有利因素加以融合吸納，對不利因素則加以禳解修善。

在風水術的實際運用中，有很多具體的操作方法，這是從歷代的實踐變化出來的，現代比較流行的三元起運是其中的一種。

三元九運是術家對年份階段的割分。宅的得運與失運，顯示這一空間環境在某一時間階段內對人的吉凶影響。

　　宅的坐山、年運和層間，構成了宅運的體系。宅落成以後，入伙居住即開始起運。最初十年為根行運，叫山運；隨後的十年為身行運，叫層運，接著就是間運、子孫運，如此循環，其吉凶以坐山和層間的生剋關係而定。

　　按照風水術的理論，凡遇年運之凶，必須採取相應的禳解修善，以避其凶。如果遇上三土剋一木的大凶格局，那是無運可起，須大興土木加以改建了。

勢來起伏是行蹤

　　風水家以「龍」比喻山川形勢。山脈逶迤起伏如龍，因此稱之為龍脈。古人廖瑀《尋龍人式歌》中說：「勢來起伏是行蹤，前賢稱作龍。」山地氣脈聚結之處稱為「龍穴」。

　　風水家尋龍，實際上包含了對地質、地貌、土壤、植被狀況等等的考察，即所謂審氣脈，別生氣，分陰陽，觀勢喝形，判定吉凶衰旺。

　　審氣脈的關鍵在於觀看山勢是否屈曲起伏，若是便屬「生龍」，有生龍才有生氣，才是大吉大利。山勢若是蠢粗硬直，歪斜傾倒，則為「龍死絕」或「龍帶煞」；其缺乏龍魂，充滿死氣，屬凶。

　　分陰陽指山的向背。中國的山脈，南為陽，北為陰。山的向背不同，太陽照射的情形也不同。宅基以「向陽」最理想，可以得到充足的日照。

　　觀勢喝形，是從山峰的起伏形狀加以區分，比喻作某種動物。龍分九勢——迴龍、出洋龍、降龍、生龍、飛龍、臥龍、隱龍、騰龍、領群龍。獅、虎、象、龜、蛇、鳳等等，也常用作隱喻。這種隱喻，目的在於借助動物，建立人類與動物之間的比擬關係。

　　判斷山形吉凶，還有其他很多方法，例如五星、九星、

三台、華蓋等，賦予山形特定的象徵。五星指金、木、水、火、土。九星指貪狼、巨門、祿存、文曲、廉貞、武曲、破軍、左輔、右弼。

　　風水家把主龍前後左右的支龍稱為帳幕。沒有帳幕的主龍，孤單寂寞，難顯大貴。主龍就是龍脈落穴的山，又叫穴山。主龍必須端正凝重，與賓龍相顧有情，才能蘊蓄生氣。明代著名風水家徐善繼在《人子須知》一書中指出：「受穴山為主，朝迎山為賓，最要主賓形勢相稱，相顧有情，切忌賓山欺主，情性背馳。」

三年尋龍十年點穴

點穴是相地術中最關鍵的一環，有謂：三年尋龍，十年點穴。龍脈綿亙，穴場大者不過數十丈，小者一二丈，要從中尋求一塊八尺之穴，的確不簡單。

遠古的人住在天然洞穴或人工挖掘的坑洞之中，躲避寒風的吹襲和野獸的侵犯。人類後來離開洞穴，在地面建屋造墳，穴的含意隨之改變，意指宅基。點穴也就是確定宅基。

在長期的選址過程之中，人們獲得了豐富的經驗，知道如何保持宅基乾燥，避免寒風吹襲，防止洪水淹浸。這些經歷歸納入風水理論，然後用「氣」加以闡釋，便成了風水術之中點穴的成規。

風水家認為，點穴絲毫不能勉強，不能偏左或偏右，過深或過淺，差之毫釐，謬以千里；穴位稍偏，氣從旁過，雖得貴地，也是徒勞無功。

據《海角經》說，點穴的奧秘在於「取得氣出，收得氣來」。理想的穴是在「四靈獸」環抱的閉合地形內，在寬大的明堂微隆的高地上。

風水家認為，穴必秉受「真氣」，左右護砂「藏風」，案山朝山蓋穴，明堂「得水」，氣便在明堂裡聚而不散。風水穴是陰陽相配的部位，如果陽宅建在穴位，不但住戶人丁

健康，而且財源廣進。在此立墳，可使亡者免受水患和蟲蟻的侵襲，子孫永受其益。穴位既然是在寬大的明堂突起的高地上，因地形的起伏，改變了地面水和地下水的分佈狀況，宅基便可保持乾燥和良好的通風。中國各地的山地村落，多立基於半山腰或近山腳的中心部位，正是風水點穴的體現。

　　風水家說，穴是天造地設的，既有生存之龍，必有生成的穴。擇地重在審龍，龍真必結穴。根據地形，穴可分為正受穴、公受穴、旁受穴三種。劉基著的《堪輿漫興》在這方面有很深入的探討。

山川的龍氣

龍在中國人的心目中具有崇高的地位，風水家將山川形勢比作神靈飛舞的巨龍，藉此確立了一套完整的相地理論。他們勘察大地山川，即審「龍脈」，確定理想的宅基，即乘「龍氣」。

中國的術家認為宇宙萬物各有五行屬性，金、木、水、火、土，各有所屬，只有龍才集五行於一身——龍鱗屬金，角爪屬火，龍身屬木，曲動為水，龍腹為土。

龍棲於山谷，上躍天庭，下潛深淵；倘若居於平洋，龍潭必定是眾水所聚，不能渙散流露。山之為龍，必然有砂水配合，才可以有真穴止氣，否則氣龍行而不止，不能為人所乘了。風水家不僅以山為龍，也以水為龍。平原地區，雖然沒有山，但同樣有風水寶地，因為縱橫曲折的水道就是龍的運行。古人說「山郡以山為龍，水郡以水為龍」，水與山並尊。

風水家以山川為龍，顯然認為山川像龍一樣具有神靈，蘊藏了運行於天地間的生氣——龍氣。風水家尋龍點穴，無非尋求人與自然環境的和諧，透過對於氣的引導和迎合，使人與自然息息相通，合而為一，從而確保身心康泰，子孫昌盛。

龍是中國古代社會文化的凝聚，是人們期望的所在。用於卜筮的易卦，其中的乾卦爻辭多以龍為喻，《周易集解》引馬融說：「物莫大於龍，故借龍以喻天之陽氣也。」這與風水中的龍氣說並無二致。

《靈誠精義》一書以下的一段話，可對山川形勢的龍化作一註腳：「龍備五行之全，故山之形體像龍。龍極變化之神，故山之變化像龍。龍之體純乎陽，故山逢陽而化，遇陽則生。龍之性喜乎水，故山夾水為界，得水為住。龍之行御乎風，故山乘風則騰，藏風乃歇。龍必得巢棲，故山以有局有關乃聚，以無局無關為散。龍凡遇物則配，故山以有配有合而止，以無配無合而行。」

生活的自然產物

風水學可說是人類生活的自然產物。初民自從擺脫穴居而野處，為了防避自然災害，確保安全無虞，就需要擇地建宅；死後不欲暴露於天，就需要安葬。建屋造墳，最基本的要求無非土厚水深、負陰抱陽。

擇地的時候，無論古今中外，對水特別重視。因此，世界各大河的三角洲，往往形成了重要的城市。水不僅利於生活，而且利於舟楫交通。

人們在長期的生活經驗中發現，最惡劣的住地是土薄水淺的地方。土薄則地勢低下，難以避風向陽，遠古的聚落遺址，幾乎沒有不毗鄰水濱。古人講究風水，顯然是基於實用的考慮，雖然那時候還沒有「風水」這個名詞。

秦漢以後，社會進一步發展，人口逐漸增加，分佈也更廣。出於現實生活需要，他們始而重視陽宅的選址和佈局，於是有了《宅經》之類著作的出現；繼而講究陰宅的擇址，於是又有了《葬書》的誕生。

從此以後，撰著論述建屋造墳的書籍日益增加。歷代的史志、類書將之列入「術數」類，認為這些著作是觀察自然和社會現象的學問、方術。

中國建築在設計和施工上，很早就已分工——通曉卜筮

的人負責相地選址，工匠負責興工建築。因此，後期出現的《陽宅十書》、《陽宅集成》之類的書籍，實際上就是建築理論的一部份。

在漢魏時代，風水學已經建立了一套理論基礎，提出了「天人感應」說；在推斷方法上，則是用天星、五行和干支的錯綜排列，輔之以定位。中國風水學從理論到研究方法，由此確立了一定的體系和趨吉避凶的目標。

玄司寧著　《風水縱橫》

第二章　妙奪神功知窺天巧

古人如何相地

相地看風水是一門複雜的學問，在實際的運用上，古人如何操作？

宋朝的謝和卿說，相地要善於格物致知，「存之在我，應之在彼，妙奪神功，知窺天巧……只是一個理字。」

風水先生首先看龍脈，看來龍的祖山——吉凶的根源。祖山好，才有好穴。主山起伏逶迤、星峰秀麗、枝腳隨身、山勢巍峨，就是發福的山。此外還要看支山，支山要如倉如庫，如旗如鼓，如天馬貴人，金箱寶劍，才屬貴格。支山的作用是迎送，助顯主山的威形浩蕩。

古代的風水先生又使用八卦解釋龍脈，例如乾山主貴人高壽，艮山主丁財兩旺……然後再用「氣」解釋山，有所謂「五不葬山」的說法。

看完山，再看地形——看入首。入首有五格：直、橫、回、飛、潛。直龍是橫來背來，頂對來龍結穴，氣勢很大，速福速貴。如果入首不佳，一切皆屬徒然。

風水先生看入首時，用羅盤測方位，看入首在某一字之上，坐其生旺，避開八煞，依法定向結穴。

看龍脈從來就不是一件易事，因為龍脈綿亙數十里，甚至千百里，自起祖發脈，以至入骨，中間歷經太祖、少祖、

穿帳、過峽、頓跌、束氣。不僅要防風吹脈露，又恐穿田脈隱。

古代風水典籍《青囊海角經》強調，看風水吉地要靠悟性，要綜觀地形，「知其勢之所趨，情之所至，達到神解之妙」。

相地看風水必須細緻，稍有疏忽，便會謬以千里。高明的風水先生不僅僅看地的表面，還能洞察地下三尺，透視吉凶。《古今圖書集成》記載河南人畢宗義，有一次看見一座新墳，一望就知土下三尺有異物。主人不信，掘土驗證，果然發現有大石兩塊，在場眾人都大表歎服。

中軸線佈局

　　中國的風水學講究建築空間形象的肅穆深遠。以北京的紫禁城為例，核心位置貫串在一條子午中軸線上——自外城永定門、內城正陽門、宮廷廣場的大明門、皇城永天門（即天安門）、而至正面的午門。這條核心幹道的東西兩邊，對稱排列著內外兩城最重要的建築群。新建的人民英雄紀念碑和毛澤東紀念堂，也保持在子午向的中軸線位置上。

　　代表皇權的三大殿——太和殿、中和殿、保和殿，以及內廷後三宮——乾清宮、文泰宮、坤寧宮，都端正地佈置在正中央，每度大殿的蟠龍寶座，均座落在中軸線上。

　　中國各地很多古城，都依據風水學原則，界定嚴格的中軸線，中軸線左右對稱，城內街道的東西和南北，呈現棋盤格子狀。空間位置的這種對稱佈局，給人以和諧的感受。

　　此外，很多墓園設置了長長的通道，兩邊遍植松柏，肅穆、森嚴、深遠的佈局，都相似紫禁城。風水學提倡的合理佈局，利用空間塑造形象，突出主題，顯然已經深入民心。

　　早在商朝，按子午中軸線佈置房屋圍成庭院的形式，已經開始萌芽。漢朝時候，這種形式得到進一步的發展。數千年以來，較富裕人家的住宅都採取幾重院落合成的「前堂後寢」的平面格局，前後各有庭院。

宮殿和民居如此，佛寺、祠廟、官衙、會館等公共建築物亦然，都是採用這種前堂後寢的庭院佈局。這種建築形式是中國風水學和歷代匠師對人類文明的一大貢獻。

　　經過長時間的考驗，證明庭院組合的設計在用地方面有很大的適應性，而且適合中國氣候下的生活條件。房屋院牆相接，減少風雨侵襲，也隔離了鄰院噪音，構成寧靜的居住環境。在住用分配上，也有很大的機動性——互相分開而又彼此連貫。

四神各就其位

古代風水名著《宅經》說：「宅以形勢為身體，以泉水為血脈，以土地為皮肉，以草木為毛髮，以舍屋為衣服，以門戶為冠帶。若得如斯，是事儼雅，乃為上吉。」在古人眼中，理想的風水寶地是「左有流水，右有長道，前有明堂，後有丘陵」。這就是所謂青龍、白虎、朱雀、玄武四神各就其位。

宅東有流水，直通江海，所謂「財源茂盛達三江」，古代陶朱公的發家致富，據說就與江河水有關。

古人認為，宅南有大路，向陽逢吉，行人往來，一片興旺，因此古籍有謂「南有大路富貴」，「東有流水達江海者吉」。反之，如果宅東沒有流水江海，卻有大路，或是大路不在宅南而在宅北，那就「東有大路貧」，「北有大路凶」了。

古人又認為，「凡宅居滋潤光澤陽氣者吉，乾燥無潤澤者凶」；「凡宅門前不許開新塘，主無子，謂之血盆照鏡。門稍遠可開半月塘」；「凡宅門前忌有雙池，謂之哭字。西頭有池為白虎開口，皆忌之」；「凡宅門前見水聲悲吟，主退財」；「凡宅門前屋後見流淚水，主眼疾」；「凡宅井不可當大門，主官訟」。上述的一系列說法，都是陽宅風水中

重要的理論。

古代的風水典籍還有以下的說法：

「前低後高，後出英豪。前高後低，長幼昏迷。左下右昂，長子榮昌。」

「樹木向宅吉，背宅凶。」

「凡宅或水路橋樑四面交沖者，子孫怯弱，不吉。」

「凡宅屋後見拍腳山，出淫婦通僧道。」

「屋後有峻嶺道路，或前沖後射，不吉。」

「宅門前朝平圓山大吉。」

古人修建房屋時，在實際的工序上，也有很多有趣的講究。

德厚與惡盈

有個笑話說：某大廈突然起火，住在裡面的諸色人等倉皇奔逃。猶太人一馬當先，手握錢袋奪門而出；法國人緊抱情人，隨後跑出火場；中國人則不顧一切，在烈焰中尋覓雙親。傳統的倫理意識滲透在社會生活的各個層面上；風水學對吉凶禍福的占測和宅基墓地的選擇，反映了根深蒂固的倫理內容。

《宅經》清楚指出，住宅是「人倫楷模」。《發微論》也認為，天人感應是雙向的。人有善行則天地以吉福應之；惡行則天地以凶禍應之。職是之故，德厚的人才可以得到風水寶地，使子孫後代永享福寵。如果惡盈，天必然以凶地應之，禍及子孫後代。

傳統的風水學強調善有善報，惡有惡報，積善的人萬一得到凶地，積惡的人得到吉地，地也不會應驗吉凶。故民間有所謂「住場好不如肚腸好，墳地好不如心地好」的說法。

家族本位和孝親觀念，在風水學的傳統倫理意識中表現最突出。風水家認為，父母健在時居所的安危和死後墓地的良劣，與子孫後代的吉凶禍福息息相關。這在實質上也是重視血緣關係的表現。

風水家認為骸骨是子孫的根本，子孫的形體是父母的枝

葉，由根本而枝葉，同氣相應。父母居安葬吉，家族才可昌盛繁衍，否則就門族衰落，家運不昌。

這種同氣相應的風水理論，正是建立在血緣關係的基礎上，然後延伸至整個家族世系。對血緣關係的重視，必然導致對家庭倫理的重視，進而結合家族中的長幼次序。例如房分之說：長房屬水，貴左邊有金水砂，主金水相生旺財丁，如有死角，則土水相剋不留財。二房屬火，須明堂端正，如有斜流之水，則主財丁耗盡。

諸如此類的說法雖屬神秘莫測，但體現了現實的家庭倫理。

氣局兩全才算福地

古代的風水家認為，陽宅應以脈氣為本，砂水為用。氣局兩全，才算福地。有局無氣，人丁不旺，有氣無局，財祿難存。

局分為金、木、水、火四局，以八卦和地支配合五行而成。這四局是：

申、子、辰——水局

寅、午、戌——火局

巳、酉、丑——金局

亥、卯、未——木局

所謂氣局兩全，所指的多是綿互起伏的山勢結集之處，有流水蜿蜒環繞，兩岸山陵為之輔弼。這樣的山水局面自然是建宅的風水寶地。

古代的風水家特別重視水，相地以得水為上，因此京師之地，莫不萬水朝宗。

風水家將水視為龍的血脈筋節，也許失之玄虛，但就興建城廓房舍而言，有水確比無水好得多。有了水，不僅可以增益自然景觀，且有舟楫之利。古人重水，也非有水即好，還要看水是否深聚，是否耐看。例如朝懷水（面前的汪洋大水），即屬大吉；窄淺而拍腳的割腳水，則屬大凶。

宋代名人朱熹在著作中強調，建都之地要山水輝映，要講究龍穴砂水的配合。後人在大興土木時，何嘗不是如此。無論是風水名家還是文人雅士，他們所積累的品賞山水的經驗，自然形成了一個整體公認的標準：山要秀麗光華，風不動山圍長春，砂要端圓體正，穴要闊大兼蓄，水要彎曲多情。

南唐何溥的《靈誠精義》在談到氣運與山河形勢日久漸變的關係時，對山水地利和氣局的論述，頗具見地。水深處民多富，水淺處民多貧，水聚處民多稠，水散處民多離。這現象是現實的寫照，顯然並非無稽之談。

重視和諧之美

古人重視和諧之美，尤其是建築工程上的和諧之美。這觀念運用到風水實踐中，產生了無數的風景名勝。從清代的帝陵可見一斑。

清代的每一處帝陵，都是坐北向南，建造在一條中軸線上，頂端是橫行的山脈，兩邊是對稱的建築，互為呼應。橫向的山脈形成了自然的屏障，呈現氣勢不凡的背景。在佈局上，總是大小相間，大的建築物之前，修建小的建築物；並在橫向的建築物之前，修建縱向的建築，在外觀上予人抑揚頓挫、錯落有致的感覺。

風水理論講究地形四美：羅城周密、砂水內朝、明堂寬敞、一團和氣。穴地四周的砂水，一如羅列的星辰或護衛的城垣，因此叫羅城。這些星辰或城垣要周密，鎖住真氣。砂水內朝是指周圍的山川環抱內傾，有情有意。山環水抱的一片平地，要寬闊廣大，穴地周圍生機蓬勃，草本壯旺。

風水同時重視曲線美。不僅山要曲，水要曲，路要曲，橋和廊要曲。彎曲的水流在風水上稱為有情水。

劉伯溫的《堪輿漫興》對水的美惡善有詳細的論述。此外，風水也有十惡不善之說，認為在這些地方興建陽宅或陰宅都不吉利。

風水理論提出的若干選擇吉地的原則，都體現了美學的觀念。例如依山傍水、山青水繞，就具有美好的景觀。風水主張小至住宅，大至村落、城鎮，都應該依山傍水而建，而且山要青翠，水要環繞。唐代詩仙李白的「青山橫北郭，白水繞東城」正是這景觀的具體寫照。

歷代的風水書籍都很重視山川的美姿，有很多描述。《管氏地理指蒙》對地形地勢便有如下的描寫：「如飄雲出洞，如驅鹿下山，其翩翩片葉必趣於一陣，群隊千百必隨於一奔。如蚓沿壤陌，如蛛絲畫檐，如帛之紋，如水之痕，若起而伏，若斷而連。」

玄司寧著　《風水縱橫》

歷史名都均建基龍脈地形

　　早在殷商時代，都城的興建就很講究了。從鄭州和安陽發掘的遺址看，基地的坐向接近磁針的正方向，即正南北或正東西。基址的底部呈水平狀。這些特點證明當時已經十分重視風水佈局，並且掌握了測定方向和水平的技術。

　　關於興建都城的觀念，基本上與陽宅的建築相同，但有兩點主要區別：一、都城的基址必須選擇廣大的地方，不僅山大、明堂大，水流的彎曲也要大，只有容量大的地方，才可興建龐大的建築群。二、都城須建在龍脈集結處。西安、洛陽、北京、南京等歷史名都，都有龐大的龍脈地形。

　　以北京為例，它地處華北平原和西北蒙古高原、東北松遼平原之間，西北是燕山山脈，西南是太行山山脈，南面是華北平原，東面是渤海灣。山東半島和遼東半島環抱渤海，成為拱衛北京的屏障。北京北依山險，南控平原，受四方朝覲。

　　元代的很多人士都知道北京地理位置的重要。陶宗義的《南村輟耕錄》對北京的描述是：「右擁太行，左注滄海，擾中原，正南面，枕居庸，奠朔方。」

　　明初的人普遍認為定都北京是明智之舉。萬曆年間修撰的《順天府志》就對北京的風水備極推崇：「燕環滄海以為

池，擁太行以為險，枕居庸而居中以制外，襟河濟而舉重以馭輕，東西貢道來萬國之朝宗，西北諸關壯九邊之雉堞，萬年強禦，百世治安。」

明朝末年，朝政腐敗，國勢垂危。當時有些風水先生歸咎於明成祖遷都北京，認為英宗被俘、武宗被圍陽和、李自成包圍京師，都是北京風水不佳使然。

但是，明朝滅亡以後，繼之而起的滿清皇朝，又繼續建都北京，歷二百餘年。

太歲可坐不可向

　　古云「一命、二運、三風水」，認為一個人必須有良佳的生辰八字、在人生中鴻運當頭、而又得到風水的相助，才可能飛黃騰達，大富大貴。命是註定的，在出生的那一秒就決定了。自古以來，人們總是寧可信其有，以防萬一逢凶遭禍。命是一種人為能力所不能抵抗的力量，決定了人一生的前途；運則是指人生某一段時間內受到某一種神秘力量的支配，有所謂「行運」或「失運」的說法。命和運不好的人，特別傾向尋求風水的助力。

　　在風水家的眼中，欲趨吉避凶，得到旺發，就必須在天運（時間）、地運（空間）和人運（生辰）方面互相配合。看風水選吉向，擇吉時，正是為了尋求天、地、人的協調和統一。

　　風水觀念認為，太歲星每年所在的方位為凶位，如果這一年在這方位破土建屋或安墳，便會招凶。這種觀念早在先秦時代就產生了。據《荀子》記載，武王伐紂時，是在兵家所忌的日子。當時的大臣勸諫說：「太歲星在北方，不應出征。」武王不聽，結果與太歲相逆，武王的軍隊連連遭遇挫折，軍心動搖。到了漢代，對太歲的禁忌更加盛行。後世的風水家嚴格遵從這觀念，建屋立墳必定避開太歲方。例如庚

午年不能坐子朝午（坐北向南）；壬申（猴年），太歲在申位（232.5度—247.5度），須避免在寅位（52.5度—67.5度）動土，否則犯六沖，沖則破，導致破敗損財。

風水書中有「太歲可坐不可向」之說，但仍要視乎當時的具體情形而定。若太歲方出現戊己、陰府、年克等凶星，則太歲方仍是大凶，不能坐；但若太歲方遇上吉星，坐太歲才算大吉。

「太歲」本是古代天文學中假設的星名。太歲與歲星相對應。歲星即木星，運行的方向自西而東，與黃道分為十二支的方向正好相反，古人於焉假設出一個太歲，與歲星實際運行方向相反的方向運行，古人就以每年太歲所在的部份記年。

理想的上下三停

古代的風水家說，尋龍容易點穴難。事實上確是如此。真穴只在方寸之間，不能偏離。風水理論中對點穴的要求，正是古人長期抵禦自然災害的經驗總結，頗具科學根據。

風水家認為，宅基最理想的地形是「上下三停」——地形的縱斷面是三級梯狀：最低一級是河流、池塘和耕地；第二級是由主龍山坡前的低丘或明堂中的孤丘組成，地勢稍高於明堂而又低於主龍山；最高一級是主龍山，地勢高，形成屏障。

最低的一級因地勢低，成為水流匯集的地方，因而地下水位很高，且通風不暢，不宜建屋造墳。

第二級因地勢高爽，排水通暢，地表乾燥，而且通風較好，古代的風水家稱為「窩中乳突」，最宜建屋造墳。

至於最高的一級，易受大風吹襲，影響人畜安全，也容易侵蝕墳墓，因此不宜選作建址。

這種「上下三停」的地形的第二級，位於山坡部位，在下大雨的時候，地表水往往夾雜泥土往下流去，甚至出現山洪暴發現象，影響山下房屋安全。這種由山坡流下來的水，風水家稱為「淋頭水」，屬於大凶。避免淋頭水的方法是尋找穴位與主龍之間的「龍咽」。龍咽要細而長。風水家說，

這是穴中吸氣的關鍵地帶，如果過大則氣散。

從地理學角度而言，細而長的宅基便於排水，可保持乾燥。

此外，風水理論認為，宅基地勢最忌高於周圍的山，因為「宅怕八面風吹」。對朝東的宅基而言，「只許青龍（左邊的護山）高萬丈，不許白虎（右邊的護山）抬頭望」。高大的青龍可以抵擋冬天寒冷的北風，成為一道天然的上佳屏障，又稱為上砂。

這些風水理論實際上也就是古人智慧和經驗的反映。

脈氣與水神

先民擇地卜居，深受風水的影響，他們都依循最基本的模式，力求「枕山、環水、面屏」。這模式長期以來已經深入人心，上至達官貴人，下至販夫走卒，都在有意無意之中加以追求。據《四部備要》載，陶淵明生前所居的住宅以及死後的墳墓，都是依此格局而建。

古人最重視的就是龍脈，後面所枕的山要蜿蜒起伏，一如行龍，如此才有生氣，才有望興旺發達，因此在神聖的龍脈上，不能砍伐山木。

在山區和丘陵地帶，「脈氣重於水」；在平洋地區，則是「水神旺於脈」。《地理五訣》說：「山地屬陰，平洋屬陽；高起為陰，平坦為陽，陰陽各分，看法不同，山地貴坐實朝空，平洋要坐空朝滿，山地以山為主，穴後宜高，平洋以水為主，穴後宜低。」又說：「平洋地陽盛陰衰，只要四面水繞歸流一處，以水為龍脈，以水為護衛。」「平洋莫問龍，水饒是真蹤。」以水為龍，顯然又是另一種模式。

有些地區，地理環境不理想，先民在「順天」之餘，往往出諸「人為」，加以補足，方法包括：引水——開圳、挖塘開湖、築堤、造橋；此外就是植樹。

《陰陽二宅全書》說：「人身之血以氣而行，山水之氣

以水而運。」水與氣關係密切，水在風水中是財利的象徵。在不理想的地形中，引水補基是最常用的方法。以塘蓄水，也可養真氣，但必須開挖得宜，如果堂局逆水朝入靜聚，或在地基氈唇之上，則不可以挖塘。住宅之前不開方形的池塘——此為血盆照鏡，屬於大凶。開湖則在來水躁急的地方進行，原理與挖塘相類似。至於築堤、造橋，「處置得宜，亦足以固一方之元氣」。（《陽宅會心集》）

植樹則多在下砂水口處、村後及龍山等地段進行，藉以固氣。

山清人貴山歸人聚

　　主龍周圍的山稱為砂，與帳幕同義。古代風水家黃妙應所著的《博山篇》根據前後的位置將砂分為侍砂、衛砂、返砂、朝砂等。砂和龍之間存在著「主僕」等關係，這種關係與中國的宗法制度頗相約合。

　　風水觀念認為：山厚人肥，山瘦人飢，山清人貴，山破人悲，山歸人聚，山走人離，山長人勇，山縮人低，山明人達，山暗人迷，山順人孝。

　　風水還講究砂的整體佈局，凡穴的周圍都有富貴之砂，主吉；砂的排列要層層疊疊，前後有序，一律內傾，似有情之意。砂腳有潺潺流水，環繞緩流，即屬佳砂。

　　主龍山左右的山稱為護砂，即青龍白虎。位於主龍前方的小山丘，近者為案山，遠者為朝山。由於理想的風水模式強調閉合的地形，因此護砂是否呈現「環抱之勢」，便成為判斷上砂之貴賤的依據。左右護砂形成「上八字開」、「下八字合」，才可聚財，屬於富砂貴砂，判為吉。反之，若是「八風吹穴」、「孤脈獨龍」，則是貧砂賤砂，判為凶。

　　砂山的形狀也是判斷吉凶的根據。朝山、景山的形狀要求似筆架，似豎旗，似獅象虎，似三台，似玉几橫琴，而忌石頭裸露或形如停屍架。

在陽宅而言，左右護砂特別受重視，而且根據風的來向分為上砂、下砂。若風從右邊吹來，則右邊的砂便是上砂，左邊則為下砂。《陽宅會心集》卷上的「陽宅總論」說，上砂要長、高、大。下砂在一里之內雖不可全無，但要低平，切忌高大彎環。一里之外則無所顧忌。這種理論顯然出於避風、通風和回風等方面的考慮。

古時候的風水大師以砂子堆撥山形，傳授弟子，因此對宅基龍穴前後左右的小山統稱為之砂。

玄司寧著 《風水縱橫》

第三章　山川靈氣日月精華

山川靈氣與日月精華

古人對住宅外面的環境都很重視。據《釋名》說，宅和擇兩字是相通的，即選擇大吉大利的地方而營建。早在《左傳》時代，齊景公要替晏子更換住宅，即考慮到「子之宅近市，不可以居」。

古代很多名人的住宅，都建在風水寶地上。例如范蠡、陶潛、嵇康等人，他們的宅地即使在千百年之後的今天仍然受到傳誦。山東曲阜孔子的舊宅，地處泰山腳下，洙泗兩水交流，平原得水，位屬貴格，子孫福祚綿延，千年不絕，據說是全國最佳的福宅。江西龍虎山張道陵故居，青龍白虎盤踞守護，藏風而聚氣，也是不可多見的吉宅。傳說當年張道陵在此處練丹，後來子孫昌盛，傳世五十多代，開枝散葉，興旺依然。

古人認為屋宅須與大自然和諧協調，才可以相得益彰，進而「得山川靈氣，受日月光華」，強身健體。陽宅宜選依山傍水、土草肥美的地方。

按照風水理論，在山區相宅，要看山勢龍脈，脈大則勢大，氣也大。脈氣為本，砂水為用，脈氣重於水。在丘陵地帶，選址時要力求寬廣平夷，四面拱衛，無缺無陷，要地大寬闊，還要藏風得氣。在平洋地區，土地平坦，似乎沒有龍

脈，所以要看水，水神旺於脈。有口訣說：「凡到平洋莫問蹤，只看水繞是真龍。」

陽宅四周的水分為六種，三吉三凶。三吉水是：朝水、環水、橫水；三凶水是：斜流水、反飛水、直去水。周圍的水影響人的吉凶。秀水繞前橫過，主清閒和樂。秀水朝門，主發橫財。水近割門，人口不安。水直沖門，人口離散。

風水理論對水池也有很多禁忌：屋小池大，財帛流散。屋大池小，男孤女夭。屋後池大，少年傷亡。此外，前池直長，後池窄小，池中有小山，或池水似黃泥，均屬凶格。

宅地吉凶的關鍵

　　宅地的吉凶，關鍵在於是否聚納吉氣，傳統風水古籍因此再三申論「氣隨風則散，界水則止」。現代人喜用「風生水起」一語形容財源廣進的人，若是指房屋、宅地，那就的確不敢恭維了。在傳統風水學而言，「風生水起」的地方絕非好風水。

　　風水經典著作既然強調「氣隨風則散，界水則止」，如果房屋宅地周圍「風生」，經常颳強風，大部份的日子都吹勁風，則天地間的陰陽精氣必散；倘若又是鄰近崖岸，崖下水浪拍岸，濤聲浪花不絕，屬於波濤洶湧、風高浪急的「水起」，顯然不可能藏風聚氣。

　　風生氣散的結果，必定造成「不蓄」的「騰漏之穴」，若屬「風生水起」，那就的確不妙。關鍵在於：周圍的環境都以「藏風聚氣」為上佳。

　　宅居靠近湖畔海邊，風生水起造成浪濤「聲煞」之餘，萬一另犯「割腳煞」，更加不妙。

　　日夜不停的勁風，加上不絕於耳的浪濤聲造成聲煞，必定家無寧日。「風生水起」的地方無論如何不是好風水。

　　古人著作有這麼一段記述：一位雅士崇仰壺口瀑布萬馬騰躍、雄偉磅礴的氣勢，欲近距離日夜貼身觀賞此一天然美

態，於是在瀑旁結草廬而居。飛瀑水景美則美矣，只是事與願違，原來他漸覺如雷轟頂，頭痛耳鳴，痛楚難忍，苦不堪言，完全沒有心曠神怡的感受，不出一旬便帶病離廬遠去。

瀑布附近、海岸之旁，浪濤聲日夜不息，震耳欲聾，即使是聲浪較低的鐵匠店周圍，古代的風水家均一律視為凶煞之地，不宜久居。古人將聲煞列為「殺人不見血」的風水群煞之中的一種凶煞，顯然並非無的放矢。

水流宜朝抱有情

風水古籍《管氏地理指蒙》說：「水隨山而行，山界水即止」，水與山有不可分離的關係，觀水甚至比尋龍更重要。水別稱「外氣」。

水是人畜飲用、草本生長不可缺少的元素，水能載舟，也能覆舟，給人類帶來巨大的災害，因此風水術將水與財聯繫起來。

觀水靠觀「水口」。水口理論在明代已經很流行，到了清代，論述水口的書籍更多，例如《地理大全》、《地理五訣》、《陰陽宅》、《入地眼圖說》等書，都明確提出了水口的概念、作用及其意義。

所謂「水口」，是指水流入和流出的地方。水主財，因此來水的「天門」要開敞，去水的「地戶」要閉窄。《地理大全》就說：「源宜朝抱有情，不宜直射關閉；去口宜關閉緊密，最怕直射無收。」

水的形局同樣受到風水家的重視，環繞穴山的水流稱為「水域」，清代一部名叫《堪輿洩秘》的書說：「水到鄉之中，先看水域歸那一邊；水抱邊可尋地，水反邊不可下。」意即逢屋造墳須在水環抱的一邊，即古人所說的「汭位」。這是為了避免宅基受湍急的流水所沖刷。

水域的作用在於界水，使龍氣不致蕩散。水域為龍穴門戶，本形不一。水域分為金、木、水、火、土五域，各有吉凶。

風水家說，水要澄澈透明，水流要平緩，若有「歪斜傾洩之患」則凶。

風水家認為，尋龍點穴，必須先觀水勢。水分向背，乘其所來，從其所會。兩水之中必可觀山，水會即龍盡，水交則龍止。水飛走則生氣散，水融注則內氣聚。

後來的風水家審察水勢以確定風水吉凶而訂定了很多準則，名為「水法」，大抵以繞穴歸聚、澄清平和為佳。晉代郭璞所著的《葬書》清楚指出：「山來水回，貴壽豐財；山囚水流，虜王滅侯。」

玉帶有情水

　　中國的風水觀可說是自然規律的反映。從文義而言，「風水」所論述的就是風和水，事實上是談「風」少，說「水」多。風水家對彎曲的水流極表重視，約有兩個原因。中華民族在黃河流域發祥，自古即與奔流的黃水打交道，逐漸認識了水性，因而形成了一套完整的有關彎流的理論。此其一。

　　另外一個原因，顯然受到傳統人文思想的影響，以所謂「九曲水」為貴。認為河流曲折越多，聚氣越厚，主大富大貴。曲線頗具美感，面對九曲水的自然景觀，平常人也可感受到風景上的美態。

　　古云「天下黃河十八彎」，以此形容河道的彎曲。由於地球的轉向、地勢的起伏和地質的差異，天然形成的河流都呈現彎曲的狀態，造成吉凶的方位。

　　古人將環抱宅地的河水稱為「有情水」：「水若屈曲有情，不合星辰亦吉」（見《雪心賦》）。風水古籍《陽宅十書》也說：「門前若有玉帶水，出入代代讀書聲。」古人認為，這種從宅地前面流過的河水，有如朝廷大官身上的玉腰帶，主大富大貴。

　　風水家認為，水的有情（大吉）或無情（主凶）是以凸

岸和凹岸的地勢區分——挾帶泥沙的水流在凸岸沉積，形成淺灘，主吉；水流凹岸不斷沖擊，造成坍塌，主凶。

古人將直奔而來的流水稱為「反跳水」或「割腳水」。這一類的「無情水」對於凹岸的陽宅和陰宅，為害最大。因此，《都天寶照經》說：「一條直是一條槍，兩條名為插脅水，直來反去拖刀殺，徒流客死少年亡。」

古人傾心「有情水」，顯然與長期的生活經驗有關，可見風水的理論實亦蘊含預防水災的構思。

欣賞山水之美

　　風水家在尋龍、察砂、觀水、點穴和定向的同時，還要望氣——從山峰向上散發，直沖而起，形狀如雨傘，就是真氣。氣以清奇為貴，以肥濁為富，端正者出文人，偏斜者出武夫。善望氣的風水家還能分辨氣的色彩——赤黃色最佳，青、白色次之，黑色又次之。

　　風水家認為，望氣的恰當時刻是夏秋之交，雨霽之後，丑寅之時。這時候，必有氣在祖山之上升起。

　　這些氣實際上就是盤繞在山頂的雲霧。在古人眼中，雲霧就是仙人的交通工具，雲霧把天、地、人連為一體，形成仙境一般的境界。

　　在雲霧之外，山的形狀也可讓人產生不同的好惡情緒。風水家將前案山分為多個類型，結合人的生死衰旺，吉凶禍福。宅基的前案山，倘若似筍尖，「千里雲霄插青天，此是朝中文筆現，兒孫世代必登仙」。倘若「似豎旗，必定出將相」。

　　但是，若「前案山，有石頭，赤白分明惡似牛，此是疾病生禍山，勸君此地不須求」，這顯然是指林木受破壞，水土流失，以致露石頭。這樣的地方，自然不是理想的居住環境或葬地。

風水理論在很大程度上其實反映了現代的環保思想。風水術最重視環境的綠化，反對隨便斬伐樹木，認為多年的喬木與屋運有密切關係。倘若吉利方位的樹木被斬伐，等於化吉為凶；凶煞位置的樹木也不宜隨便伐除，「動則招凶」。

　　風水術根據山形地貌是否清秀蜿蜒起伏而判斷它是「真龍」還是破敗的「死龍」。山體清秀正是水源充足、土層肥沃的表現；山體粗頑破壞，表明岩石裸露、土層貧瘠、植被稀少，不宜卜居、耕種、安葬。

　　風水可能是中國人欣賞山水美的一個手段，籍此俯仰水之懷，偎倚山之趾，與山水共融。

水口的營建

風水術中的水口理論和營建,頗具趣味性,水口是指穴地或村落之前水流出口處,其勢宜迂迴收束,有重山關攔,不宜廣闊直去,否則生氣外洩。《雪心賦》就認為,水口以「緊如葫蘆喉」為佳妙。

中國各地的農村,很重視水口營建,多在水口位置建橋或塔樓,增加氣勢,留住財氣。有些村落輔以樓、亭、堤、塘,幫助關鎖。另有一些文風較盛的地區,則興建文昌閣、奎星樓、文風塔,這一類的建築,與其說出自象徵意義的目的,倒不如說是為了增益自然環境,使周圍的景觀趨於平衡和諧。

在平原地區,人們經常在水口的去水中央立羅星洲或土墩,並在上面建樓閣或廟宇,因為風水古籍對此作法極為推崇:「……若水中有玉印金箱、一字三台文筆進神之類者,尤為貴重。」

水口的營建,對村落的盛衰安危起精神上的主宰作用。只要水口得當,即使土地貧瘠、環境欠佳,村人也終能安居下來。水口也是一村的守護神,使村民在下意識中獲得安全感,覺得有當關之勢,硝煙不入,邪氣難侵,滿足了防衛的心理。

從建築技巧來看，水口為村落開關入口的空間，有很強烈的導向性。小橋、亭塔、堤塘……沖破周圍環境的單調，使人消除了乏味的感覺，同時也平衡了自然景觀的構圖。在水口豎立高大的建築，使得自然的構圖趨於平穩，產生平和的感覺。

水口也是村民活動的場所，「父老兄弟出作入息，咸會於斯」；這與西方市鎮的中心廣場相類似，提供了日常交際的機會。

一般村落的水口大多在離村一、二里之處，有些城鎮的水口遠至六、七十里。根據水口距離的遠近，即可判定該地「地氣」的大小和規模。「地氣」實際上是指承載實力，即今日科學術語的「環境容量」。

山川形勢有情與無情

中國人非常重視家族的血統感情，墓葬是家族成員對死者表達這種感情的方式，滲透了家庭倫理情感和孝心。古人把墳墓叫做「陰宅」，顯然寄託了他們對死者陰間生活的幻想。風水術既是相地、擇地的藝術，順理成章地在勘測的自然對象上反映了社會生活中的人情。

風水家認為，山川形勢對人有情屬吉，無情則凶。因此構成風水寶地最理想的地理條件就是山環水抱。墳墓得水，可使陰宅潤而不燥，防止蟲蟻侵食；水抱而不沖穴，則可使墓穴免於水患；水環可形成屏風，不致風蝕墓地。這些條件都反映了古人保存先人屍骨、寄託孝思的心態。

判斷山川形勢是否有情，主要看山的向背，因此在相地時必須察看地形向背，進而衡量地形的吉凶禍福。向與背的判斷標準是：得水為向，失水為背，秀潤為向，頑枯為背，明亮為向，幽暗為背；平緩為向，禿陡為背；來勢為向，去勢為背；得局為向，失局為背。

穴位立在龍穴上，前後左右有砂拱衛，砂又以秀茂平潤之面朝穴，即屬有情。郭璞的《葬書》說，如果後砂垂頭，前砂在穴前翔舞，左砂曲折蜿蜒，右砂馴服低頭，都是向穴有情。水如左右迎抱，穴得乘龍氣，也是有情。這情就是山

川神靈的體現，神靈有情，自能庇佑死者，造福後代。

如果只有水止氣，而無山藏風，氣散而不聚，就會導致穴地破損，吉穴變無情地。墓穴最忌大風直吹，不僅氣散而不可乘，而且還可能侵蝕穴中屍骨。

風水家認為，如果穴前沒有案砂，則凹風直射，明堂受損，堂氣難收，難免引致貧窮敗絕。如果穴後沒有應砂，則風直射背後，全無倚靠，則是夭壽無子之凶。此外，如果穴左青龍位透風，主長房孤寡；穴右白虎位缺漏風，則主小房短命。

永存宇宙之間

風水家認為自然環境對人的影響，完全是氣的作用。這種氣介於具體和抽象之間。山環水抱的地形能夠屏風止氣；它同時受到風力和水力的制約，因此有所謂「乘風則散，界水則止」的說法。

山川形勢之所以能影響人的吉凶禍福，那是因為有天地之氣運行其間，這是巒體形勢之說的一個基本觀念。

氣聚為物，物散為氣，永存宇宙之間。自然界的變化如此，自然界中的人亦然。人氣聚而生，氣散為死。

風水家認為，生者要迎納凝於自然環境中的氣，與自然環境契合，才可趨吉。死者的肉體雖然死亡，但氣尚留，因此也要迎納運行於地中的氣，將它傳給相應的生者，才可造福子孫後人。

風水家有所謂「外氣所以聚內氣，過水所以止來龍」的說法，外氣的彌漫充實，攔住了土中氣的運行。理想的風水寶地應是山水交合的地方，只有這樣的地方，才可止住山脈流奔的形勢，形成氣的凝聚點。

有山無水的地方，難以確定氣在何處終止；有水無山，則不易辨別氣從何來。因此，只有山水交口，才可使氣「來積止聚，沖陽和陰」，化生萬物，成為「貴若千乘，富如萬

金」的風水寶地。

　　在氣的「凝聚點」，如果左空右缺，前曠後折，生氣就會止而不聚，飄散於風，因此四周應有山作屏風，如有肘臂環抱。

　　得水固然重要，藏風同樣不可忽視。「風水」之得名，實已概括了風水術以藏風和得水為基本法則的特色。

　　氣可說是具體，又是抽象的；水可止之，風可聚之；無形無質，不可捉摸。氣運行於山川之中，貫穿於人體之內，將人與自然融為一體。

水的吉凶觀

風水家認為，水即財富。水別稱「外氣」，與「龍」、「穴」、「砂」並為相地術的四大內容。

水為氣之母，脈氣靠水運送而行，因水攔截而止；尋龍點穴，要根據水流的有無、大小、方向、形態等，作出判斷和引證。

水勢以深聚緩和為吉，以激湍沖割為凶。郭璞說：「風水之法，得水為上，藏風次之。」歷代風水家特別重視水道的形狀，逐漸形成根深蒂固的吉凶觀，有所謂纏龍、回龍、瓜籐、龍腹、龍背、折水、王几、反水、反跳水、曲水、轉角水、前抱水、兜抱水、勾心水、前關水、飛電水、橫水、斜飛水、直流水、反丁水、後關水、瘟關水、按劍水、破碎水、土字水、卷舌水等等有關吉凶的說法。

住宅的位置如處在屈曲回抱的曲水灣，風水家說那是纏龍宅；左邊纏龍環繞，主家出文才；右邊彎曲環抱，主發福發貴。若然屈曲而來，格局宏大，更是平步金階。這當然不足為信，但有良好的水利環境，對古代農業社會的人總是一件好事。

水從東南方向流來，繞過西面，又從宅北向東折回，這種水流稱為回龍水。風水家說，家有回龍水，「累代富貴，

卿相不絕」。瓜籐水與回龍水形狀相似，但流向不同；瓜藤水也是吉水，「大江便出大官榮，小溪必主家豪富」。

　　龍腹水與龍背水的形狀也相似，都是L形，但由於所在的位置不同，對住宅的影響便截然相反。住宅在龍腹水的彎內，屬大吉，「富貴食天祿」；如在彎外，那就變成龍背水了，「家住水曲號龍背，貧窮絕嗣多乖戾」，屬於不吉。水能載舟也能覆舟，風水家的吉凶論顯然是從先民生活經驗中取得靈感。

吉凶與善惡

家庭倫理觀念，尤其是家長在家庭中的權威地位，充份反映在風水理論中。例如理氣之法的九宮飛星，就是以家長戶主的臥室為中宮。

此外，風水家的吉凶理論，也全面貫徹家族本位的觀念和道德的規範。吉凶和善惡因而成了同義詞。

所謂「前面若有銀帶水，高官必定容易取，出入代代讀書人，清顯出貴耀門閭」、「厝屋品字外池塘，讀書竹屋起家莊，人財大旺進田地，貴子聲名達帝鄉」，光宗耀祖，揚名聲，顯父母，都是好風水的結果，也就是善的表現。

至於「屋門亂雜錯方向，必定兄弟不和睦」，「門前若有見尖砂，出入忤逆敗家聲」，違背了兄友弟恭和孝事父母的道德規模，就是惡的表現。

風水家的很多理論，是為孝親的觀念服務的。這些理論把人追求自然的和諧視為奉事父母的孝道表現，讓他們生而居安，死而葬吉。

《葬經注》說，山川的靈秀，造化的精英，凝結融匯於真穴之中。人將先輩的遺骸安葬於真穴之中，受其靈秀，得其精英，藉此寄託孝心，也藉此與天地和父母感應，得到善報，造福未來。這就是「非葬骨也，乃葬人之心也；非山川

之靈，亦人心之自靈耳」所蘊含的孝道。

　　風水家認為人是列祖列宗生命的延續，如果有人繼承於後，則歷代祖宗雖死猶生。如果無人繼承香火，就是中斷了祖先生命的延續，將他們置於真死之地，罪同弒其父母，屬於最大的不孝，故有所謂「不孝有三，無後為大」的說法。

　　在這種觀念影響之下，人們竭力維持家族傳承於不斷，相應地產生了重男輕女的心態。風水學在這方面每多迎合。

風生水起難言大吉

今人常用「風生水起」一語形容長袖善舞、財源廣進的人。但在風水學而言,「風生水起」絕非好風水。風生則氣散,水起則不能界氣。風生氣散的結果,必然造成「騰漏之穴」或「不蓄之穴」,主敗棺腐骨,禍延子孫。倘若水不能界氣,結果是和諧盡失,凶象畢呈,難言大吉。陰陽宅地周圍的環境若屬「風生水起」,那就不敢恭維了。

「風水」二字源於「氣隨風而散,界水則止」。根據風水理論的解釋,「陰陽二氣」是天地萬物的源頭,即所謂「化始」。無形之「氣」在天成象即為日月星辰,在地成形即為山川河流,亦即所謂「化機」。天上的飛禽,地上的走獸,流動的河水,生長的植物、以至於活動的人類,都是由「氣」帶動的,即所謂「化成」。

風水學認為,「氣」旺則生命力強,「氣」衰則生命力弱。人只有得到「氣」才有生氣,才可以逢凶化吉,繁衍子孫,興旺家族。

考察山川河流的「來龍去脈」,可以追尋秉受「真氣」的「真穴」——風水寶地。所謂「氣隨風則散,界水則止」是因為此地之吉凶,其關鍵在於山川河流的「形」是否「藏風」、「得水」。若能藏風得水,便是真穴的所在,是大吉

大利的風水寶地，反之則為凶地。

　　風水家所追求的風水寶地，在山地丘陵地區以山脈為龍脈，必定是「左青龍、右白虎、前朱雀、後玄武」，並且是「玄武垂頭，朱雀翔舞，青龍蜿蜒，白虎馴伏」。這種風水寶地的模式就是：背倚連綿的山脈，前臨平坦的曠地，兩側水流曲折回環，水質清澈；左右兩邊護山環抱，山林蔥鬱。秉受「真氣」的「穴」就位於山脈的止落處——陽宅或陰宅的理想宅基。

　　從整個地形結構來看，上述的風水模式呈現一種閉合的地形，即所謂「圈椅狀」。這是古代中國人夢寐以求的理想居址，也是判斷宅基吉凶的標準。

玄司寧著　《風水縱橫》

第四章　古今中外皆受影響

西方建築師陶醉風水

中國傳統的風水觀可說是自然規律的反映,既深受儒、釋、道的影響,又凝聚了心理、地質、水文、景觀、哲學、美學和傳統建築學的智慧,蘊含中國人對天地人的信念和認知。

這種古老學說,還兼具順天應人的課題,可以說是中華傳統文化的自然產物。長期以來,先賢憑藉風水理論,得以俯倚於山水,與自然合而為一。

古往今來,幅員廣闊的華夏大地上,在建築的選址、規劃、設計和營造等各個領域,風水的實踐幾乎無所不在,不斷有人套用風水術改善宅舍環境,力求天人合一。

直至現在,海內外很多深受中華文化陶冶的華人仍然深信,人居的陽宅應以脈氣為本,砂水為用,氣局兩全,才算吉氣充盈的福地;如果宅地藏風、得水、聚氣,風水上佳,人居其中便可達致家宅平安、家運昌隆。

歷代的宮殿、廟堂或富貴人家的大宅,無不嚴格恪守風水規範。時至今天,在中港台和新馬等地,大量現代化建築工程仍可清晰窺見風水留痕。

率先把中國風水概念引入西方的人,是十九世紀初期來華傳教的外籍教士。從那時開始,外文風水著作相繼面世。

西方讀者其後從英國科學家李約瑟 (Joseph Needham) 的巨著《中國科學與文明》(Science and Civilization in China) 揭示的中國科學成就中，飽覽風水催化的科學碩果，更由此引發歐美社會對風水學說產生濃厚興趣。

現代的西方正有越來越多的建築師迷醉於風水的奧妙，在設計和城市規劃上滲入風水元素。

馳譽世界的美籍華裔建築大師貝聿銘，在完成香港中銀總行大廈的設計工程之後，曾對記者說過一句話，現在就借用他這句話為本文作結：「我不懂風水，但我深信風水有其道理。」

玄司寧著　《風水縱橫》

西人風水熱潮方興未艾

去年在多倫多度假時，舊同學聚會上，重逢當年在大學校園常見的「風水迷」，這位碧眼金髮的法裔女郎，如今已是獨當一面的執業律師。她現在對風水的喜好真可以用「狂熱」兩字形容。

這位洋人大律師書房，珍藏大批不同國家出版的外文風水書籍，其中唯一的一本中文書是台灣新版的明代著作《陽宅十書》。書桌上放了三個不同類別的風水羅盤（三元盤、三合盤、綜合盤和新加坡製造的英文盤）；牆上懸掛著一幅大型布質雙魚太極圖。

我在她書房的珍藏品之中，赫然發現第一位將風水介紹到西方的十九世紀傳教士耶茨 (M. Yates) 牧師的文章《敬祖與風水》(Ancestral Worship and Feng-Shui)。這文章是他於1868年在歐洲《中國傳教雜誌》第一卷發表的，可說是外國人以英文撰寫的第一篇論述風水的文章。

一個完全不懂中文的老外，如此珍而重之的研究中華文化中奧妙的玄學，實在令人擊節。

曾在中國傳道多年的英籍教士艾特爾 (E. Eitel)，於1873年出版的《風水》(Feng-Shui) 一書，也在她的書架上；書前的序言提到香港開埠初期一些風水掌故。

閒談中，她提到魁北克省議會多年前爆發的一件因風水而引起的軒然大波。事緣省勞工部支付了八千加元的顧問酬金，聘請一位曾在台灣學過多年風水的法裔西婦，上門勘測擺位，成為當地傳媒的焦點新聞，繼而引起反對黨議員群起炮轟。這些議員認為，部長波爾．克萊請專家看風水純屬個人自由，但酬金應自行負擔，不應開支公帑。部長則辯稱，看風水是為公，並非私事，理所當然由公家負責。

近年歐美正有越來越多的名人和高官篤信中國傳統風水學，禮聘專家改善辦公室或家居的氣場和方位環境。很多稍具規模的書店，書架上都有大量外文風水著作供應。上述的魁北克省勞工部事件，只是較受大眾注目的一宗個案而已。

心理學家的建議

有句諺語說：「太陽不來醫生來。」住宅缺乏陽光，人就容易生病。採光好，通風佳，固然重要，是否合乎風水之道，還得考慮其他因素，包括心理健康的因素。

日本一座大寺院曾耗費巨資，興辦幼稚園，邀請了多位著名的設計師共同策劃。建築物呈六角形，課室位於中央，六面用落地玻璃窗，光線充足不在話下。院子的四個角落，分設噴水池、泳池、花園和遊戲康樂器械。

校舍落成，美輪美奐，學生家長交口稱讚。校方也延聘了一流的師資任教。

開課以後，小朋友頑劣異常，動輒大發脾氣，吵架、打架事件無日無之，上課神不守舍，根本無法管教，教師和校長也經常鬧情緒。

校長是一位資深的教育家，對此現象心感納罕。從事教育二十年，此情此景，尚屬首見。

校長無計可施，只好向大寺院的主持訴苦。主持即時揮筆，畫了幾道鎮宅平安符，給她貼在課室，但全無用處。

事情傳開以後，當地一位兒童心理學家毛遂自薦，前來研究。他在幼稚園周圍觀察了幾天，很快就找到了癥結。問題就出在建築設計上。

在課室上課的小朋友透過落地玻璃窗就能看到外面的泳池、康樂器械和走動的閒人，加上噴水池在陽光照射下的反光，注意力固然無法集中，心情上也顯得焦燥不安。這位心理學家於是建議在三面落地玻璃窗上加上窗簾，調節光線，並且在上課時間關掉噴水池；落地窗外加種灌木矮樹。經此更改以後，校內情形頓然改觀。

　　大寺院的主持感慨的說，高明的風水術竟能馴服一個團體。其實那位心理家未必懂得風水術，他只是就本身的專業知識作判斷而已。這種專業知識何嘗不是風水之道。

玄司寧著　《風水縱橫》

流落海外的名著《平龍認》

　　北京出版的馬南邨（鄧拓）《燕山夜話》，有一篇文章談到《平龍認》這本古籍：「對於古代的任何一部著作都應該先看看內容，多加以研究，而不應該輕易抹殺它們的科學意義。」

　　《平龍認》是一部手抄本；作者馬和可能是位經常出外尋覓龍脈的風水先生，深知「山龍易尋，平龍難認」，因此以「平龍認」為書名。

　　這本手抄本於二百年前流落外國，1802年首先由德國的一位漢學家發現，從此大受科學界人士注意。該書的其中一節《霞升氣》提到空氣中有陰陽二氣，用火硝、青石等物質加熱就能產生陰氣；水中也有陰氣，它與陽氣緊密結合在一起，很難分解。這裡所謂的陰氣，就是我們現在說的氧氣。歐洲人直到十八世紀才知道空氣和水中有氧氣的存在。

　　《平龍認》的成書年代是「至德元年」。歷史上有兩個皇帝用過至德的年號——南北朝的陳後主（公元583-586）和唐朝的唐肅宗（公元756-757）。據上述德國漢學家克拉普魯特 (J. Klaproth) 於1810年在聖彼得堡俄國科學院學術會議上宣讀的一篇論文（《第八世紀時期中國人的化學知識》）的論題判斷，這本《平龍認》應是唐代即第八世紀的作品。

唐代正是五姓圖宅日趨式微、新風水學說（即以尋龍點穴、藏風聚氣為要點的理論）盛行的年代。

　　蘇聯學者尼克拉索夫 (B.V. Nekrasov) 在他編寫的《普通化學教程》中說：「中國學者馬和在第八世紀時就已著書指出空氣組成的複雜性，提出了製氧（陰）氣的方法，並發展了燃燒的假設，這假設實質上和近代的非常相似。」

　　這本《平龍認》是中國無數沒有正式付印而極具價值的手抄風水著作之一。

風水理論中的儒道

　　中國人千百年來奉行儒家倫理思想，在風水中得到最充份的實踐。孔孟提倡三綱五常，講究中庸之道，重視行善積德，強調孝道，風水亦然。

　　三綱五常原是儒家提倡的道德規範。三綱是君為臣綱，父為子綱，夫為妻綱。五常所指的是仁、義、禮、智、信。風水以氣脈、明堂、水口為三綱；以龍、穴、砂、水、向為五常。彼此互為呼應，緊密聯繫。

　　在風水理論中，氣脈（龍脈）為富貴貧賤之綱；明堂（堂前坎地）為砂水美惡之綱；水口（水流出口）為生旺死絕之綱。五常中的龍要真，穴要的，砂要秀，水要抱，向要吉。

　　風水理論講究中庸之道，興建房屋要力求適中，避免過高、過低、出前、出後，忌以屋角對他人的大門，更不可單獨與整排的房屋相背。這些都是中庸觀念的反映。

　　風水重視行善積德，認為多行善事、以積德為本、心地好的人才能得到好的風水地。如果不修德，壞事做盡，即使得到風水寶地，也令吉變凶。

　　風水強調孝道，特別重視喪葬禮儀，要「卜其宅兆而安厝之」。

風水理論認為天、地、人三者之中，地最重要，據《管氏地理指蒙》說，人命在天，人本在地，所有依附於天的東西，其根本在於地。

　　風水也像儒家一樣講究尊卑觀念，察看龍脈先遠後近，依照太祖山、太宗山、少祖山、少宗山、父母山的次序，追本尋源，不能忘本。只有如此，才好臻於上上大吉。風水理論又認為，朝山不能有逆反的現象，必須彎曲俯伏，來朝之水也不能奔流直去，應該環於圍繞，這正如晚輩順從長輩一樣。尊卑觀念即所謂「貴賤有等，長幼有差，貧富輕重皆有所稱」。正是儒家倫理思想的核心。

風水與佛教

在佛教建築物中，隨處可以看到風水理論的痕跡，無論選址或佈局，都體現了風水的最高原則。

佛寺選址的特點是「環若列屏，林泉青碧」、「宅幽而勢阻，地廊而形藏」，這正是風水「四靈獸」模式潛移默化的影響。

風水家名言有謂「乘風則散，界水則止」，認為「氣」不會在山的最高處相聚，因此佛寺很少建在山頂之上。

佛教雖然標榜「淨法界身，本無去來，大悲願力，故現生死，去來不落於常情」，但教中的聖徒仍然為自己的居處和將來圓寂費心，擇地尋穴，可見風水對佛教的滲透如何深刻。在僧人之中，擅長風水者也大不乏人。

在佈局方面，佛教寺院受風水理論的影響最大，「開門之法」最為明顯。目講僧的《地理直指原真》所說的「佛門坎艮震巽離坤兌七山可開正門，唯乾山一局，辰、巽、巳三向不可開正門，或從青龍首乙位出入，或從白虎首巳土開門，謂之福德門，最吉」，正是風水名著《八宅周書》的理論。

浙江普陀法雨寺，當年依據風水家的指點，「改於東首，建高閣三間，供天后像，憑攔一望，海天萬里」（《重建普陀前後兩寺記》），大寺入口的序列感大大增強；越橋過溪

後，步過層層石級，曲曲折折進入高閣，轉而再入寺。這種豐富的空間佈局，將自然的山、海與佛寺融為了一體。

　　根據風水理論，門向須朝著「氣口」，籍此保持「氣」的通暢。所謂氣口指的是前方群山開口的地方或低凹處。中國各地的寺院，大部份都是採取此種朝向氣口的佈局。有些寺院由於地形的限制，無法正對氣口，通常會將寺門偏斜，使之朝向谷口（氣口）。

風水與道教

　　中國土生土長的宗教——道教，與風水有著很奇特而密切的關係。

　　在歷史上，道教與風水平行發展，互相滲透。道教的很多建築物，都受風水的影響；很多風水理論，也有道教思想的影子。兩者之間，有一條強而有力的紐帶——易經。

　　風水和道教熱烈嚮往自然的生氣；對色彩、方位、數字有類似的特殊處理；風水經典著作之一的《宅經》，也被羅列於《道藏》之內。道教的保護神——青龍、白虎、朱雀、玄武，是風水所用的最佳環境模式的四靈。

　　風水的陰陽五行八卦學說，正是道教思想的基礎。道教的齋醮、祝咒、符籙，同時流行於風水之中。

　　道教和風水同樣重視鏡子的使用。道士認為鏡子有神秘功能，因此將之收入道教的萬寶囊中。道士燒丹、作法有懸鏡。風水的某些流派對鏡子有特殊偏好，認為鏡子有奇特的魔力，將之懸掛於門頂，稱為照妖鏡或神鑒，藉此驅邪。

　　事實上，風水和道教在很多方面是很不相同的，例如宗旨、思想方法和對象，都截然不同。

　　道教追求的是長生不老，得道成仙，深佔修煉而超凡入仙。風水追求的是塵世的旺發，家道興隆繁昌。

道教認為「道」是超越形器的最高法則，具有超越性、絕對性和神秘性。風水最高原則是「生氣」，要化抽象為具體。

　　道教特別重視攝生養身，燒丹羽化，道觀的選址考慮四靈地形，完全為求方便升仙，一旦達成目的，則隨時可以捨棄。風水則注重人與自然的協調，通過對自然環境的勘測，建立人與自然的良好關係，藉以獲得大自然的庇護和恩寵。

廣泛的社會基礎

　　風水在中國古代有很廣泛的社會基礎。在宗教信仰上，中國人雖以儒、釋、道三教為主，但長期以來一直保持著濃厚的祖先崇拜和自然崇拜等等的原始信仰。在某種意義上，這些原始信仰對民俗文化和人民生活的影響，遠較宗教信仰為大。而且，這些原始信仰和風水理論有著很密切的關係，風水因而得以在民間社會植根、滋長。

　　風水理論中的「天人合一」、「天人感應」、「氣說」等等，以及應用規則的陰陽、五行、八卦、天干、地支、天星等等，可說是中國人對宇宙模式化的學說，構成了中國社會特有的環境體認。

　　在中國社會，各個學派和各個階層，都滲透著這種對宇宙的抽象理論，即使是外來的宗教，從影響深遠的佛教到影響較小的伊斯蘭教，都難免受到同化，吸收了風水的精華。很多地方的佛教建築和伊斯蘭寺，在內外佈局上都依據風水理論。泉州清淨寺是一個顯著的例子。據明朝李光縉的《重修清淨寺記》記載，該寺「砌石三環以象天，中環象太極，左右二門象二儀，西四門象四象，南八門象八卦」，這種佈局顯然是應用陰陽八卦和天干地支二十四節氣的反映。

　　風水理論推崇背山面水的居住環境，對中國人而言，這

種模式已成為選址建宅時，理所當然的最佳選擇。

風水理論在很多方面已深入人們的潛意識，代代相傳，形成強烈的心理共鳴，進而發揮巨大的感染力。

歷代的文人雅士固然深諳某些基本的風水理論，字裡行間不乏深刻的描寫，連帝王也深信不疑。風水與帝王似乎結了不解之緣，從很早的時候開始，便受寵於宮廷，宗教在這方面顯然大有不及。

風水名著《雪心賦》

有關中國科技史的著作，向來認為指南針技術的突破和磁偏角的發現，都是在北宋初年。這些著作所依據的文獻是沈括的《夢溪筆談》：「方家（即後世所稱的風水家）以磁石磨針鋒，則能指南，然常偏東，不全南也。」事實上，早在唐代，風水家已掌握了指南針和磁偏角的技術和知識。

據唐人卜則巍所著的風水典籍《雪心賦》載，由指南針演變而成的風水羅盤，最初的刻度只有八方位。到了漢朝，增加至十二方位。唐朝增至二十四方位，同時有了正針、中針、鋒針三套座標系統。

《雪心賦》說，子午正針是以磁針確定的地磁南北極為軸向的座標系統；子午鋒針是指以日影確定的地理南北極為軸向的座標系統；而子午中針則是指以北極星確定的天文南北極為軸向的座標系統。子午正針和子午鋒針之間的夾角即為磁偏角。

從《雪心賦》的記載可以知道，早在唐代，指南針技術就已獲得突破性的進展，並且發現了磁偏角的存在。由於這些發現僅記載在風水著述中，因而受到忽略，未獲科技史家注意。

《雪心賦》是風水界的一部名著。作者卜則巍自謂「心

地雪亮，透徹地理」，因此將其著作命名《雪心賦》。

　　該書在道家之中影響深遠。《道藏．儒門崇理折衷堪輿完孝錄》認為：「堪輿論巒頭者，《雪心賦》、《葬經》等書言之備矣；論星氣者，《催官篇》、《玉尺經》等書言之備矣，更復何贅。」《雪心賦》的排名竟在風水經典《葬經》之前，足見其受重視。

　　《雪心賦》在寫作上頗具特色，它越出慣常的散文混合歌訣的體裁，採用賦的形式，比興兼用，文辭優美，一氣呵成，既是學術著作，又是文學作品。《雪心賦》雖未列入《唐書．藝文志》，卻深得風水家的厚愛，歷代均有學者為其作註。

龍角與龍耳

據史書記載，周文王和孔子的弟子子貢都深諳風水。當然，那時候的所謂風水，僅是觀流泉、察山嶽而已，不似後期漸趨複雜化。

風水堪輿之學，源自易經，始行於東漢，大盛於三國時代。《後漢書方術列傳》所載的三十三人事蹟，都屬於風水這一類。其後晉代的郭璞著《葬經》，註《青囊經》，成了後世堪輿家的鼻祖。

郭璞博學多才，尤其精於陰陽五行卜筮之術。《世說新語》記載了一段郭璞因替人立墓而險招殺身之禍的故事。

傳說當時晉明帝也很喜歡鑽研堪輿，但自知功力比不上郭璞，因此經常微服出行，細察郭璞的作業。

有一次，他看見郭璞竟然將人家的墓穴立在來龍的龍角上，心生奇怪，因為《青烏子相冢書》清楚記載：「葬龍之角，暴富貴，後當滅族。」

晉明帝心想，莫非郭璞與主人家結仇，不然何以教人將祖先葬立在龍角上，害人家將來慘遭滅族大禍？晉明帝為探求真相，於是詢問主人家何以立葬龍角。主人說此乃龍耳，並非龍角。

晉明帝繼續問道：「龍耳又如何？」

答道：「下葬龍耳，當致天子。」

晉明帝臉色大變。「當致天子」莫非預示奪我江山，搶我帝位？再而問道：「為是出天子耶？」

主人鑑貌辨色，連忙搖頭。他深知此話傳出去，後果嚴重，足以連累九族滅門，因此辯稱「當致天子」不是出天子的意思；真正的意思是：下葬龍耳以後，當可引致皇帝駕臨來訪。

從以上的記載，可知在晉代已經流行「龍角」、「龍耳」等風水術語，而且連皇帝也樂此不疲。

江西派與福建派

唐宋以來，風水理論盛行，在江西和福建，堪輿名家輩出。《古今圖書集成》所收集的堪輿名著，作者多是江西和福建人，足見風水在這兩處地方的發展盛況。

《青岩叢錄》和《陔餘叢考》兩書，對江西和福建兩地的風水盛況都有詳細的記述，並且稱為兩大流派——江西派（形勢派、巒頭派）和福建派（宗廟派、屋宅派。）

江西派的代表人物是楊筠松。《四庫全書總目提要》曾引述《宋史‧藝文志》，稱他為楊救貧。後世標榜為江西派的術士，都奉楊筠松的風水理論為瑰寶。主要論著計有《疑龍經》、《撼龍經》、《葬法倒杖》、《青囊奧語》等。

楊筠松的風水理論，奠定了形法理論的基礎，其中「九星」說正是後來《八宅周書》的主要理論根據之一。以楊筠松為代表的江西派形法理論，都是以陰宅為主，陽宅僅是借用而已。

至於福建派，講究的是宅法原理。《四庫全書》所收錄的《宅經》二卷，可說是福建派理論的重點。

據《青岩叢錄》一書說：「屋宇之法，始於閩中，至宋王伋乃大行，其為說主於星卦，陽山陽向，陰山陰向，純取五星八卦，以定生剋之理。」

福建派的一些提法，例如天門、地戶、鬼門、人門等，可以追溯到《山海經》的傳說。「天門、地戶」在後世的風水理論中，特別用來比喻穴山前水流出口處的水口，頗具意味；而東北方為「鬼門」的概念，也日益深入，特別影響了福建一帶城市的城牆形狀。

　　《青岩叢錄》一書認為，江西派比福建派的流傳更加深遠而廣泛，因為福建派僅在浙中一帶通行。雖然如此，福建派以八卦方位配合八干四維的方法，在後來卻大行其道。

玄司寧著　《風水縱橫》

第五章　藏風・得水・聚氣

藏風．得水．聚氣

　　古人以山脈為龍脈，在山地丘陵地區，理想的風水地必定是「左青龍、右白虎、前朱雀、後玄武」，而且是「青龍蜿蜒，白虎馴服，朱雀翔舞，玄武垂頭」——背後有連綿的山脈為屏障，前臨開闊的平原，兩側水流彎曲迴環，水質清澈，流聚於前，左右兩方有護山環抱，山上林木青蔥。穴位（即陰宅或陽宅的宅基）就位於山脈的止落處。

　　上述的風水地呈現一種閉合的地形，有些風水書稱之為「圈椅狀」。這種地形，成了中國人夢寐以求的理想宅基，是判斷陰宅或陽宅吉凶禍福的標準。

　　「左青龍」指宅基左邊的護山，又稱護砂；「右白虎」指右邊的護山；「前朱雀」指宅基前的山丘，近者為案山，遠者為朝山；「後玄武」指宅基後面依靠的山地——來龍，又叫龍山。

　　此外，宅基前面寬闊的區域稱為「明堂」；入水的地方稱為「天門」；溪流出口的地方叫「地戶」。天門地戶稱為「水口」。宅基與來龍山的地形鞍部，稱為「龍咽」。

　　風水家將「龍、穴、砂、水、向」等五個自然環境要素稱為「地理五訣」，尋找吉利風水地的主要步驟是尋龍、察砂、觀水、點穴、定向。

地的吉凶，關鍵在於是否能夠秉受「真氣」，是否「藏風」、「得水」。若能藏風得水，便可「聚氣」，也就是真穴所在，是大吉大利的風水地，反之則為凶地。

　　風水分為形法和理法兩種理論。形法又稱巒山頭，主要從地形的自然形態觀察「氣」的吉凶順逆，從而推測宅地的福禍。這是「地理五訣」的理論要點。理法又稱理氣，注重羅盤的使用，以八卦、十二支、天星、五行為推測吉凶的基礎。

不得真龍得日月

　　風水術除了相地，還很重視擇日擇時，認為選擇了吉日良辰，即可以發福。吉地和上佳的年月日時是互為配合的；擇日不當，就會影響吉祥，因此《雪心賦》說：「山川有小節之疵，不減真龍之厚福；年月有一端之失，反為吉地之深殃。」風水家認為「發福由其地脈，催福由於良辰」，「不得真龍得日月，也應富貴旺人家」。只要時辰大吉，沒有真龍也可以達到富貴的目的。

　　風水先生採用的擇吉方法很多，通常以神煞、八字、天星、運氣等等為基礎，根據陰陽、八卦、河洛、五行等等學說，考慮天時地利，藉以趨吉避凶。

　　擇吉最主要的關鍵是要避免冒犯對沖，忌太歲、忌水土日、忌凶神、忌三煞，以此而判斷天、地、人的關係是否協調，確定時間和方位對某人是吉還是凶。

　　風水家說，「青龍」、「明堂」、「寶光」、「玉堂」和「司令」等吉神當值的日子都是黃道吉日，萬事可逢凶化吉。「天牢」、「天火」、「劫煞」、「災煞」和「大敗」等凶神當值的日子則是忌日，諸事不宜。

　　根據術數理論，寅、午、戌合成火局，南方旺火，北方的三個方位（亥、子、丑）與之相沖，故成為三煞位。申、

子、辰合成水局，北方旺水，南方的三個方位（巳、午、未）與之相沖，就是三煞位的所在。同樣道理，亥、卯、未合木局，東方旺木，西方的申、酉、戌對沖，故成為三煞。巳、酉、丑合成金局、西方旺金，東方的寅、卯、辰對沖，乃成三煞。

以年為論，凡是虎年、馬年、狗年等年份，三煞位在北方；猴、鼠、龍年，三煞位在南方；豬、兔、羊年，三煞在西方；蛇、雞、牛年、三煞位在東方。若選擇的地方屬於犯煞的方向，就須避免建屋造墳。壬山兼子，子屬北方，就不能在正月（寅月）、五月（午月）、和九月（戌月）等三個月動土營建，否則犯煞。

與大自然合一

據天津大學建築系教授王其亨的考證，中國古代風水術的起源，至少可以上溯到公元前四世紀。幾千年以來，中國的房屋選址、設計和建築，在很大程度上受到風水理論的影響。其中很多合理的成份，現已納入現代建築設計理論的研究範圍。

中國古代建築在空間環境的整體佈局上，在人文景觀和自然景觀的和諧結合上，以及大型建築群的處理上，都有其科學性。它們的科學理論依據，大多出自風水術。

我們的祖先早就領會人與自然之間的關係，視自己為大自然的一部份，人的命運與大地共存，因而形成了中國人對自然山水的厚愛和嚮往。道家讚美自然，愛護自然；道家的哲學思想是風水學說的一個重要理論基礎。

在傳統的山水畫中，可以看到大幅的山水點綴著微小的人物——畫家把人融入了自然。晉代竹林七賢之一的劉伶，視人與宇宙同體，他對到訪的友人說：天地才是我的房舍，小小的居室只是我的衣履而已，何必跑到我的衣履中來呢？

蘇東坡把杭州西湖比作美女西施；袁中道把太和山比作美丈夫。山明水秀、風景秀麗的地方往往成了古代文人仕途受挫時的隱居地。很多騷人墨客為了逃避世俗塵囂，也常常

遁跡山林，享受自然的清趣。無緣「回歸自然」的人，則以人工造景，把山縮小，具體而微，形成了飲譽四方的中國園林藝術。

　　風水是人們欣賞山水之美的一種手段。風水使中國人得以俯於山水之懷，倚於山趾，與自然合一。風水術實際上是集地質地理學、生態學、景觀學、建築學、倫理學和美學於一體的綜合性、系統性很強的古代規劃設計理論。這些理論曾對人類精神文明作出巨大的貢獻，至今仍有一定的價值，值得探索和研究。

生氣行地藏風聚水

　　古往今來的風水家，都很重視勘察山川的形勢、住宅的坐向和周圍的環境。山川形勢牽涉到山脈和水流的方位和走向。山形裂崩，水泉乾枯，草木凋零，石枯土燥，均屬「地氣斷絕」，風水家認為不宜建墓蓋屋。

　　另一方面，倘若滿山煙霧騰繞，植被蔥綠，流泉清澈，土膩石潤，則屬「生氣行地」，大利屋宅人丁。

　　上述的風水理論，與其胡亂指其為「迷信」，倒不如視之為古人擇地建宅（陰宅和陽宅）的經驗總結——對生態環境的評價。

　　中國的很多鄉村，前後都種植了一片「風水林」，藉以「藏風聚水」，保持生氣。這些林木若是受到砍伐，生氣就會「行乎他方」，引致疫生人亡。這說法並非全無根據。

　　山東曲阜的孔林，可說是世界上最大的風水林。孔林佔地三千畝，四周築牆環繞七公里，植有古樹二萬多棵，盤根錯節，四時蒼翠，密林深處，是孔子及其家族的墓地。

　　風水林大致可以分為擋風林、龍座林、下墊林三種。

　　擋風林又稱抵煞林，專門抵擋「煞氣」。在現代人的眼中，這些煞氣就是使人容易著涼生病的寒風以及造成災害的強風。

龍座林是種植在山坡上防止暴雨下沖的一片林木，在炎熱的夏天，這片林木又可以為周圍的房屋提供遮蔭，調節溫度。龍座林猶如皇帝的龍椅，人生活於其中，不僅感覺有穩重的靠山，還可欣賞優美的景觀。

　　下墊林多建在河邊，與龍座林遙相呼應。河畔的房舍或墳墓如果僅有龍座林而沒有下墊林，就會顯得頭重腳輕，經受山間流水的沖刷之後，山坡難免出現崩塌，影響建築物的安全。

　　顯而易見，風水理論與地理學、建築學、生態學，都有密切的關係。

氣——萬物本原

在風水家的形法操作體系中，氣的重要與龍的至尊是互為表裡的。審龍是為了尋氣，所以風水家將氣稱為看風水的第一法門。風水經典之作《葬經》在這方面有深入的論述。

氣分為陰陽，析而為五行，生氣也就是陰陽之氣、五行之氣，產生於地，運行於天；氣行則萬物發生，氣聚則山川融結。這種觀念顯然源於中國的傳統文化。

中國古代哲學以氣為構成天地萬物的本原，認為陰陽之氣「氤氳集聚而為萬物」，以此解釋宇宙的生成和發展。

風水家認為，自然環境與人之所以能互為感應，已逝的先人之所以能感召活著的子孫，在於同稟天地之氣的緣故。

歷代的風水理論家深信，山川的靈秀，造化的精英，凝結融匯於真穴，如果將先人的骨骸安葬於真穴之中，就能得其精英，受其靈秀，一氣相應，後人便因感通而致福。

氣雖然是無形無質，卻是構成有形有質的萬物的本原，《管子．樞言》就強調：「有氣則生，無氣則死，生者以其氣。」風水家認為陰陽五行之氣的活動是構成山川一切形態的動因。

中國傳統觀念的天人合一、天人感應之說，即以氣為天人交通的媒介。《淮南子．泰族訓》說，「精誠感於內，形

氣動於天」。董仲舒的《春秋繁露．如天之為》也說：「陰陽之氣在上天亦在人，在人者為好惡喜怒，在天者為暖清寒暑。」

　　氣是天人之間的聯繫，足以溝通自然與人，溝通死者與生者，所謂「人心通於氣，而氣通於天」即指此而言。透過氣的感通，人心之靈才能揉合於山川之靈，因此人的富貴貧賤壽夭賢愚，取決於自然環境對人的直接影響和間接影響，前者體驗於人居的陽宅，後者體驗於陰宅墳墓。

氣——神秘的力量

「氣」說是風水理論和實踐的核心，風水可以說是「尋氣的藝術」。風水家認為，宇宙之氣和人身之氣是互為影響的，氣流通暢、陰陽平衡的地方必定是風水寶地，因此風水看地完全以氣為主，特別強調「乘氣」、「聚氣」、「界氣」、「順氣」，也特別忌諱「死氣」、「煞氣」、「漏氣」、「洩氣」。

氣又稱為陰陽之氣，是流走於土中、具有致富生人的一種看不見、摸不著的神秘力量。「生氣」能移調和陰陽、生發萬物。住宅得到生氣，人口就能平安多福；墓穴有生氣，墓主的子孫就可以興旺富貴。

古人郭璞著的《葬書》說：「葬者，乘生氣也。五氣行乎地中，發而生乎萬物，人受體於父母，本骸得氣，遺體受蔭。」

風水理論認為，氣是萬物之源，變化無窮，直接決定人的禍福。人要避死氣，乘生氣，就得請風水先生「理氣」，結合陰陽五行，考察旺象，增進生氣。

明代蔣平階在《水龍經》論《氣機妙運》時說，氣可以變成水，也可以變成山川；河流和山脈統一於「氣」之中，「此造化之妙用」，因此尋找生氣就得觀察山川的走向。

按照風水理論來看，生氣是一元運化之氣，在天則周流六虛，在地則生發萬物。無論陰宅或陽宅都要注意乘生氣，避死氣。《皇帝宅經》說，每個月都有生氣和死氣，具體的方位就是羅盤上用八卦、天干、地支表示的方位。生氣方位動土為吉，死氣方位動土為凶。只要理氣適宜，乘生氣而避煞氣，消納控制，精辨入神，就可以達到相地的目的。

風水理論重視「氣」，實際上是強調人與自然環境之間的協調，既要合理善用自然環境與人類造福，又要力求保持生態平衡。風水在考察環境時，雖是考察「氣」的旺衰，實際上卻是在考察自然要素，其對陽宅的最高要求是：下乘地之吉氣，上乘天之旺氣。

玄司寧著　《風水縱橫》

玄司寧著　《風水縱橫》

第六章　核心精華融入建築

古代的都市規劃

中國古代的都市規劃,密切配合政治、軍事和經濟,而且納入禮制之中;風水理論在這方面起了決定性作用。

從都市最初的選址,到中期的空間組織,以至後期的住宅興建,都遵照風水理論的指導。

古人在選址建城時,對於四周山川、地理形勢和地質狀況的考察都極為重視,力求配合「陰陽」。「兩山之中必有一水,兩水之中必有一山,水分左右,脈由中行……山水依附,山屬陰,水屬陽……都會形勢,必半陰半陽。」(清江子《宅譜問答指要》一卷)。

都市選址,「氣」要大,「龍」要旺,「脈」要遠,「穴」要橫潤。《陽宅集成》說:「乾龍盡為州府,支龍盡作市村,氣大亦大,氣小亦小。龍氣大則結都省郡,氣小則結縣邑市村。」《陽宅撮要》也強調:「凡京都府縣,其基潤大,其基既潤,宜以河水辨之,河水之彎曲乃龍氣之聚會也,若隱隱與河水之明堂朝水秀峰相對者,大吉之宅也。」

在歷代史書記載中,依照風水理論而選定城址的事例不勝枚舉。諸如公劉遷豳的「相其陰陽」、周公營洛的「太保相宅」和伍子胥建闔閭大城的「相士嘗水」等等,都是家喻戶曉的故事。

此外，很多城市的志乘中有關龍脈的記載，顯然也是風水作用的結果。

《易經》以陰代表人的皮膚，陽代表人體的血液循環。風水家則將這種關係設想為牆與牆所圍繞的空間的關係，以牆為表面，代表陰；內部空間象徵血液組織，代表陽。兩者都不可缺少。因此，中國都市都有一道城牆。

一些都市的城牆以至整個城市的空間形態和平面形狀，顯然是這種陰陽關係的進一步推衍。為追求「好風水」，有些城市建成龜形或鯉形。此外，風水家認為流水象徵財源的觀點，也影響了都市的水系，很多城市都在城牆外繞以護城河。

突破千古謎題

翻閱舊報，中新社1988年從天津發出的一則新聞可說是風水術在經過四十年官方封禁後的一次突破。中新社的新聞說：「長期被人們視為封建迷信糟粕的中國古代風水術，如今被天津大學建築學系教授王其亨引入建築設計研究。」

王其亨教授多年來一直對風水術作深入系統的研究。他認為，風水術的核心正是中國古代建築理論的精華所在。風水術圓滿解答了中國古代建築在空間環境的整體處理、在人文景觀和自然景觀的有機結合、以及大規模建築群佈局方面的千古謎題。

《紅樓夢》第十七回賈寶玉議論大觀園缺乏天成的自然之趣，「分明是人力造作而成：近不負郭，背山山無脈，臨水水無源……峭然孤出，似非大觀……即百般精巧，終不相宜」。何嘗不是作者曹雪芹對自然景觀和建築佈局的風水審美觀的反映。

自古以來，很多文人雅士對風水都抱有濃厚的興趣，趨之若鶩。他們正如曹雪芹一樣，透過筆下的文字表達自己的風水觀。

相傳堯時隱士方回在其著作《山經》引《相冢書》中說：「山川而能語，葬師食無所；肺腑而能語，醫師色如

土。」這些話頗具深意。

據《周禮．夏官．司馬》記載，那時候的人在選擇邦國都鄙和遷移人宅時，都要先行地考察山水，測量日影，丈量土地。這實在是後世風水的濫觴。

《漢書．楊雄傳》、《後漢書．袁安傳》、《三國志．管輅傳》、《晉書．羊祜傳》、以至南北朝劉義慶的《幽明錄》、《北史》和《隋書》，都有大量關於風水術的記述。

宋朝以後，尤其是明清兩代，文人談論風水的篇章屢見不鮮。明代著名旅行家徐霞客更對風水之學進行深入的探索和考察。

建築理論的精華

歷經數千年的風水術，並非全屬毫無根據的迷信，其中很多合理的成份，現已納入建築設計理論的研究領域，受到建築學家的重視。1988年十月在北京出版的《中國地質報》刊載的《風水術是中國古代建築理論精華》一文，對風水術作了全面的肯定，認為風水術的內容符合科學，是中國古代村鎮建築環境選擇和規劃設計的基礎。

根據天津大學建築系教授王其亨的研究，風水理論至少可追溯到公元前四世紀。數千年以來，中國所有的建築工程幾乎都受到風水術的影響。風水術的精華可以說是中國古代建築理論的根據。

中國古代的建築物，無論在空間環境的整體佈局上，在人文景觀和自然景觀的相互關係上，或者在大型建築群的結合處理上，都具有合理的科學根據。這些科學根據大多出自風水理論。

風水理論實際上是地質學、生態學、景觀學、建築學、倫理學、美學的綜合反映。

古代的人很重視陰宅（墳墓）的選址和建築，力求符合風水，認為風水的優劣直接影響後代子孫的榮枯、貧富、興衰。以今人的眼光來看，兩者未必有直接聯繫，但好的風水

地有助於先人遺體的保存，則可以肯定。

清代的北京城，傳說有十大「凶宅」，風水極差，居者不是暴斃，就是遭遇其他事故。當時的人談虎色變，認為這些住宅衝撞了煞神，冒犯了白虎星。

然而事實是，這些深宅大院的建築設計欠佳，採光條件惡劣，陰氣重重，內部結構也不合理，印證風水理論蘊含的地質學和環境學所揭示的現象，無一合格。住在這一類「凶宅」的人長期受到感應，自然感到不適，以致心緒不寧，容易得病。風水家斷為「凶宅」的房屋，不適合居住，其理在此。

融入新建築範疇

風水的核心在於探求建築的擇地、方位、佈局與天道自然、人類命運的協調關係。風水將中國古老哲學中的「天人合一」思想，引入建築，它重視人類對環境的感應，指導人們依循這些感應解決建築的選址和建造等問題。

風水理論對建築物的選址、平面安排和空間佈置都有嚴格的要求，無不遵從特定的模式和秩序——天序、地序、人序，使人與房屋，與整個自然融為一體，從而得到心理上的平衡和合乎「天時、地利、人和」的蓬勃生機。

風水有迷信的一面，但更多的是具有科學成份和經驗總結，它凝聚了中國古代哲學、科學、美學的智慧，蘊含著中國人對天、地、人的真知灼見，有其邏輯關係和因果關係。

風水理論中的「四靈獸地形」模式、「水口」序列、羅盤系統、「攻位於汭」基地以及種樹的選擇等等，都有深刻而合理的理性思想。

這些智慧在實際生活中逐漸演化為信仰的俗性部份。作為俗性部份的風水理論，早已掙脫迷信的桎梏，變為傳統習慣，千百年來充當了中國古代建築的導師。

風水對高塔、樓、閣的方位都有一定的規範，認為甲、巽、丙、丁四個方位易立構築。在沒有得到現代科學的證明

之前，此說難免顯得荒誕。然而，風水中的「回氣返風」之說卻是有一定的道理。體形高大的建築容易產生回流風，在其附近不宜再建高樓。事實上，在一些大都市，高樓大廈並肩矗立，已經出現這種「風」的危機。

風水的本質不在於它的某些庸俗表達方式，而在於它展示的優良效果。正是這些效果，引起無數中外學者的研究。

隨著現代科學的發展，隨著對傳統文化更深入的反思，風水的精華將會融入新建築的範疇之中。

著名建築師之言

世界著名華裔美籍建築師貝聿銘說：「我不懂風水，但相信風水是有道理的。」

西方的一些學者正把「環境地理學」視為一門新興的學科——科學風水學，專門研究環境地理對人的心理、生理和社會經濟的影響。

在房舍的構築上，有實體和空間兩個部份。門、窗、牆壁、樓板等，是實體部份；由這些建築物體所包圍、分割、聯通和支撐起來的，是大小、高低、內外、明暗等不同的空間。實體和空間，組成了房居建築的整體。

歷代各時期的民居，有不同的特色，反映出當時各階層的意識和情趣。建築的藝術性，也在空間形象中反映出來。

建築的藝術，在其空間形象方面，內容頗豐富。建築物單個空間的形狀和各部份空間相互聯繫的不同處理，可以形成高大、低矮、聯通、隔絕、開敞、封閉、凝固、活躍等空間形式，產生不同的量感、質感和氣氛，對人們的精神和心理造成不同的作用。

現代的地理學、環境學、也就是古代的堪輿。現代的建築師在設計圖則之前，必先在地盤進行地形分析，對地質、氣候、雨量、環境和方位作出判定。古代的中國人在興建房

舍時，也經過類似的步驟，那時叫「相宅」。《詩經．大雅》有以下的描述：「既景迺岡，相其陰陽，觀其流泉。其軍三單，度其隰原，徹田為糧。度其夕陽，豳居允荒。」

從《周書．召誥篇》的記述中可以看到 周武王遷都洛陽之前，曾經派遣周公前往「相宅」。

香港的很多建築師，都略懂風水。香港大學建築學院有一位龍姓教授，經常帶領學生到新界的鄉村考察古老大屋，讓學生得到機會，體驗傳統建築物在順應風水理論的設計中所反映的藝術性。

玄司寧著 《風水縱橫》

肯定風水術的貢獻

　　1988年十月十日北京出版的《中國地質報》，刊載了一篇題為《風水術是中國古代建築理論精華》的文章，從科學的觀點肯定風水的貢獻。

　　風水家認為，細長突出的山嘴、高聳的山包、深邃的瀾谷、三面臨水的階地等，均屬大凶，不宜建屋造墳。從科學而言，這些地方容易招大風，或易招水流侵蝕，又或在山洪爆發時產生危險，都不是理想的宅地。

　　風水家又認為山勢陡峻的斜坡不吉，必須避免在上面建屋造墳。從科學分析，也很有道理，因為這類斜坡容易發生山崩、滑坡，影響安全。

　　建屋造墳，選址最重要。選址其實也是風水先生作業的一項首要工作。地球表面的岩層，由於不斷發生升降或水平運動，因而出現大小不一的斷層。美洲太平洋沿岸，就有很多仍然活躍的斷層。在斷層上興建房屋，早晚出問題，最常見的就是牆壁裂開。

　　土質鬆軟不固，例如河道、棄置的舊池塘或沙灘，地基都不堅固，在上面建屋造墳，很容易出現裂縫，甚至傾斜、倒塌。

　　一般河流的上流流速較大，侵蝕作用也大；下流流水較

慢，多堆集作用。侵蝕作用可分下蝕和側蝕。下蝕可使河床底部加深；側蝕則使河床加寬。山區的小河，下蝕顯著，能切蝕堅硬的岩石，形或各種類型的溝和谷。這些溝谷對宅基有大小不一的威脅。

　　使河面加寬的側蝕過程，常常與下蝕同時進行。有時下蝕完全停止，側蝕活動仍在繼續。在曲流的凹岸處，可以明顯發現這一點。在凹岸，水流下降，有較大的挾沙能力，沖走泥沙，河岸因而變得陡峭，不斷向後退去。在洪水時期，上面的房捨墳墓常被沖毀。風水家認為凹岸屬大凶，不宜造墳建屋，顯然並非「無稽、迷信」。

玄司寧著　《風水縱橫》

另類環境地理學

　　北京《科學書報》1988年第十一期刊載了一篇《科學風水學》的文章，提到外國有一家賭場，年年賠本，老板無計可施，準備結業。後來有一人向他建議，將賭場的方形格局改為圓形，屋頂也改為圓頂。經此一改，賭場果然一反頹勢，轉虧為盈，財源滾滾而來。

　　就賭場方面而言，改方為圓，正合風水之道。賭客進入賭場，就會產生暈眩的感覺，身不由己，很難保持清醒的頭腦，結果大利賭場。順便一提：澳門2002年開放賭業，改發多個博彩經營權牌照之前，自1970年以來每年賺大錢的最大賭場——葡京，就是採用圓形設計，狀如鳥籠。即使到了現在，澳門新賭場林立，葡京依然收入穩健。

　　《科學書報》的文章說，西方當時新興的學科——環境地理學，專門研究環境地理對人的心理、生理和社會經濟的影響，這門學科其實就是科學的風水學。

　　建築造型對人的心理影響很大。有的房屋原來的造型就不科學，另有一些房屋，經過時間的洗禮，原來的造型特徵改變了。即使不經風水先生勘測，也可斷定其風水不吉，屬於大凶。例如地基不實形成的山字形寒脊屋、門窗傾斜的歪屋，都使人在心理上產生不安全的感覺。

風水學很講究住宅的坐向，風水先生在替人選擇宅地建屋時，通常都取「子午向」——南北向。這在科學上很有道理：在北半球；向南的房屋不但陽光充足，而且溫暖舒適。

　　中國大部份地區位於北回歸線以北，一年到頭，太陽光線都是從南方來。北回歸線是太陽能垂直照射的最北緯線，太陽的直射光線，一直在南回歸線和北回歸線之間移動——夏至日直射北回歸線，冬至日直射南回歸線。在北回歸線以北的住宅，如果坐北朝南，即可充份利用陽光的光照，控制進入室內的光線和氣溫。

　　光線充足、冬季氣溫較高的房屋，自然使人產生舒適溫暖的感覺。

協調天地人關係

　　古代的中國人大都深信，天、地、人三者之間存在著玄妙的因果關係，在選擇居所和墓地時，都希望找到一塊順天應人、大得地脈之利的風水福地。已選定的宅地，倘若居者福壽不永、人丁單薄，災禍頻仍，即所謂風水不吉，就必定延聘風水先生修禳，協調天地人的關係。

　　風水術所依據的陰陽五行學說，認為天屬陽，地屬陰，天地構成的自然環境包括地理、地形、地貌，自然而然地存在著相輔相成、相生相剋的關係。其吉凶福禍就蘊含在這樣一種生剋制化之中。

　　《易經》有巽、坎、渙三卦，巽為風、坎為水、巽上坎下合而為渙卦。渙卦的基本意義就是風行水上，因此有「風行水上謂之渙」的說法。風行水上因而含有趨吉避凶、消災解禍的意思。傳統的風水術研究的正是地理、地形、地貌的風水走向。

　　古代的帝皇最信奉風水，很多帝皇在位時就為自己選擇上佳的葬地，大興土木，營建陵墓，藉以保佑他們的江山萬世不衰，子孫永享帝業。

　　古代的窮苦人家為求改變命運，富貴利達，不惜借貸，擇地安葬。富貴人家為保富貴延年，飛黃騰達，也到處選擇

風水寶地，甚至遠離鄉井，異地安葬。

　　無可否認，古代的風水理論有其合理的部份，它注重協調人類生活與生態環境的關係，透過對天地人三者之間的協調，選擇適宜的生存和繁衍的生態環境。風水術選擇陽宅和修造房屋的理論，合理的成份尤其更大，它特別注重地形、地勢、地理、地貌，重視山、水、道路、地質、林木等自然環境的和諧統一，追求建築物與周圍環境的共融，即所謂渾然一體，自然天成。就此而言，風水理論與建築理論是相通的，兩者在帝皇的寢宮、行宮和陵墓的建造上達致統一。

青烏與青鳥

　　風水是一種術數和技巧，人們藉此確定陽宅和陰宅的選址、朝向、佈局和營建。風水又稱為「青烏術」——此一典故出自《軒轅本紀》：「皇帝始劃野分州，有青烏子善相地理，帝問之以制經。」

　　在上古時代，人們崇拜和敬奉太陽，傳說太陽是鳥的化身；又說太陽之中有黑鳥、金烏和三足烏（太陽黑子）。這兩種傳說顯示：「青烏」和「青鳥」在某程度上同義，都與太陽有關，而且都是風水的別稱。「青烏子」善相地理，「青鳥子」計時司曆法。

　　「青烏」和「青鳥」的稱謂，正好反映了風水的兩大特徵：仰觀天文和俯察地理。天文和地理是古代農業社會最需要的基本知識，古代的建築工程與天候和地域息息相關。

　　古人最初的「仰觀」是觀察太陽，例如用作定時的「辰」的確立，就是通過太陽的觀察。古人的大地二方向定位觀念，也是源於對太陽運行的實際觀察。

　　古人的「喜東南厭西北」自然觀以及「尊左」的習尚，顯然是在這一基礎上形成的。這給中國建築帶來了深刻的影響。

　　風水顯然也遵從太陽的運行規律，坐向的選擇和關於方

位的各種限制，莫不由此而引申。

波蘭社會學家瑪林諾維斯基 (B. Malinowski) 在他的著作《巫術、科學、宗教與神話》(Magic, Science and Religion and Other Essays) 一書中宣稱，早期人類的生活有神秘的癡狂，也有理智的科學。中國人很早就已發明了「土圭法」、「土宜法」、「土會法」等等研究天文地理的方法，使卜宅活動升華為辨方、相土、觀水的相宅實踐。

土圭法、土宜法、土會法是古人生活的智慧結晶，給相宅活動注入了科學的含意。根據自然條件選擇合宜的地基，再以土圭法確定建築物的朝向，這種擇基和立向，正是後世風水中「形法」和「理法」的初階。

玄司寧著　《風水縱橫》

第七章　住宅佈局呼應自然

筋骨交連血脈均

　　風水學有所謂「門為宅骨路為筋，筋骨交連血脈均」之說，可見很重視宅門和道路的關係。門前的路向外伸展，漸遠漸寬闊，主人口安康；反之則鬱厄。此外，路曲折回顧，主富貴大吉；呈「八」字形，則主兒孫忤逆不孝。

　　在住宅的環境佈局中，水佔的份量很重要，如果位置恰當，則財源廣進。風水家說，宅門迎水而開，是「納財」的格局。

　　池塘或現代的泳池，宜設宅前，不宜設在宅後。「宅後水」主損妻傷兒，屬於大凶。

　　如果宅前已有水池，宅後更不宜再建水池，否則不但損害人丁，還會破財敗家。至於池塘的形狀，以半月形或圓曲形為大吉；切忌四方形。按照古人的說法，四方形的池塘，形如血盆，謂之「血盆照鏡」，屬於大凶。

　　宅前最忌雙池並列，雙池狀似「哭」字，主家宅不寧。

　　此外，陽宅大門忌對廟宇佛寺。這類建築物離住宅越遠越好，近旁主災晦；如果位於凶方，則禍不旋踵。宅門之前更不宜見牌坊。牌坊高於屋宅，則為欺宅，損妻惹官非。

　　在住宅的環境佈局中，風水家進一步有陰陽二十四殺的禁忌。二十四陰陽殺的十二陰是：天徵四殺、地擊四殺，人

攻四殺；十二陽是：前四殺、後四殺、左右四殺。住宅的四周如有高立的牆屋壓宅，則犯了人攻四殺。這一類的禁忌，大多屬於心理的感受和價值觀念的反映。

風水術從巒頭到理氣，從陰宅到陽宅，不論方法體系或應用模式，都足以構成一個獨立且有特定內容的系統。這個系統是中國神秘文化的一個分枝，與其他形態的文化緊密呼應，而且反映了傳統的文化精神，折射出人們的文化心態，其中有畏懼意識，也有祈福心理。

要全面研究傳統文化，如果忽視了風水術這一個環節，難免會流於片面。

宅之吉凶全在大門

　　大門是分隔陽宅內外的一道關口，與人的禍福有很大的關係，向來受到風水家的重視。《相宅經纂》一書說：「宅之吉凶全在大門。宅之受氣於門，猶人之受氣於口，故大門名曰氣口，而便門則名穿宮……地理作法，全藉門風路氣，以上接天氣，下收地氣，層層引進以定吉凶。」

　　風水家口中的陽宅「三要」和陽宅「六事」，都以門為首位。中國古代的建築對門的處理特別講究，可說是建築藝術精華的所在。住宅的門有大門、中門、總門、便門、房門之分，各有不同的定位和成規。

　　大門是全宅的關口，坐北向南的住宅（坎宅），南（離方）、東南（巽方）和東（震方）屬於三吉方，門應開在這三個方位。這三個方位之中，又以東南（巽方）開門最好，俗稱青龍門。

　　至於住宅的中門（又稱二門、儀門），比大門較次要，除了震宅忌開兌門、巽宅忌開乾門之外，其他坐向的住宅，中門均可從大廳直出。

　　房門是臥室的一個重要部位，應力求開在三吉方，以利人丁。風水家認為，無論何種門，都應符合「步步從旺方引入」的原則，這樣才算得上是吉門。

從全宅的大門到便門，各門不能開在同一直線之上。風水的氣是沿直線從大門到便門的，如果所有的門都在同一直線上，氣就會因為太盛而洩漏，影響屋中人的運程。相對兩門，須以相生為原則，忌相剋。在相剋的位置，就要將門偏轉，或設置一屏牆。

　　「門不直沖路」是一個很重要的風水原則，風水家多主張在沖路的大門之前加立各種符鎮，例如「泰山石敢當」、「鎮山海」、八卦鏡之類。在中國很多地方，凡沖路的門必定斜開，藉以避免大路的凶煞。

　　門本身的尺寸也有規定，最基本的原則是高度和寬度的尺寸不能相剋。

反映避雷功能

現代人都知道，自然界的雷電是一種放電現象。我們所見到的閃電，是雲層之間或者雲層與地面之間因電荷互相吸引而散放的亮光。在產生閃電的時候，空氣增溫，體積急劇膨脹，因而發出猛烈的爆炸聲——雷。在雲層和地面之間出現的雷電，往往嚴重損害房舍、樹木和人畜。

古代的人對雷電的成因和認識不足，認為是一種神秘現象。在長期實踐中總結而成的風水理論，在這方面體現了一定的科學道理。風水家很早便知道所謂「雷擊地」這回事。

風水家主張房屋要與周圍的自然環境保持一致，個別要與群體協調，高低適當；平行幾家的房屋要建在一條脊線之上（即所謂「一條龍」），如果有一間屋向前突出，或特別高大，稱為「孤雁出頭」，屬不吉。從避雷的角度而言，建築物的外表比例失調，最容易遭到雷殛。

其次，風水模式主張房屋最宜座落在丘陵或山地之前，背靠的山丘應有樹木覆蓋（即所謂風水林），左右兩旁有高起的護砂。從避雷的角度而言，山丘、風水林和護砂都有良好的消雷功用，可保障房屋的安全。

此外，風水家強調建築在「窩中乳突」的房屋或墳墓，才算好風水。窩中乳突地帶，通常乾燥通風，地下水位低，

同時建築物前面空曠平坦，可充份享受陽光的照射，建築物不易受潮，經常處於清涼乾燥狀態。這樣的建築物絕緣性能佳，自然不易遭受雷殛。

在選址建屋造墳的時候，如果兼顧上述的風水模式，儘量避免在易招雷電的「雷擊地」興工，顯然有助於消除雷擊的危險，保障生命財產和先人骨骸的安全。

住宅宜負陰抱陽

人居的陽宅，在風水的要求上，與陰宅（墳墓）迥然不同。據清代林枚撰的《陽宅會心集》（嘉慶十六年致和堂藏版）說，陽宅的基址以「地勢寬平，局面闊大，前不破碎，坐得方正」為佳，而且最宜「枕山襟水，或左山右水」。至於明堂（即大門前方的範圍）則要「寬暢大聚，案山宜遠，分合宜寬，蓋鋪展則穴場闊大，寬聚則容納百川，案山遠則土牛唇厚，分合寬則界水不纏身」。

對陽宅的這樣要求，實際上是出於環境容量的考慮，因此墓地多呈扁矩形，忌縱深方向的狹長形。此處對於陽墓穴位還要「龍首當鎮，龍尾當避」，因此中國山地的村落，多興建於半山腰或接近山腳處的中間部位。

房屋基址的位置以「山陽」為理想，只有這樣「負陰抱陽」，才可使建築獲得良好的朝向和通風的條件。風水理論認為，「山地屬陰，平洋屬陽，高起為陰，平坦為陽」。不可過陽或過陰，實際上是強調住宅要與地形的起伏狀態協調一致。

風水穴是陰陽平衡之地，要求興建房屋的基地不可高於左右兩邊的護山，免受狂風吹襲；也不可低於明堂，以免地表潮濕，不易瀉水。

水有吉水和凶水之分。明堂的吉水有兩大特徵，一是水流彎曲回轉、山環水繞；二是水流明淨秀美，清澈透明。反之，如果明堂之水湍急，直來直去，則屬不吉。

風水家將彎曲清澈的水流比作有情水，與財富並論，認為有情水才會集聚財富。水流直來直去，必定破財。風水口訣說：「傾瀉急流有何益？急瀉急流財不聚，直來直射損人丁。左射長男必遭殃，右射幼子見恓惶；若然水從中間射，仲子之房禍難當。」

從風水模式的科學內容來看，理想的風水地正是人們長期與自然環境打交道，逐漸總結出來的道理，能保障生活需要的理想居住環境。

坐享自然的清趣

皓月清流，花姿樹影，天光山色，雲影水聲，「明月松間照，清泉石上流」，動中有靜，靜中有動，如此好風景，確有一番令人心曠神怡的美態。在溪流旁邊植樹、種花、建屋，可使人坐享自然的清趣。

風景好的地方，大多是人傑地靈的風水地。古今的騷人墨客歌頌大自然的環境美，都離不開青山綠水，花木草卉。這一類的例句可說俯拾皆是：「言入黃花川，每逐青溪水」（王維）；「綠樹村邊合，青山郭外斜」（孟浩然）；「青山隱隱水迢迢」（杜牧）；「綠竹入幽徑，青蘿拂行衣」（李白）；「楊柳散和風，青山澹吾慮」（韋應物）；「欸乃一聲山水綠」（柳宗元）。有人曾把唐宋四大文學家（王安石、白居易、陸游、歐陽修）各自的一句詩，聯成一道優美的「綠」詩：「春風又綠江南岸，綠楊蔭裡白沙堤；傷心橋下春波綠，長郊草色綠無涯。」

興建房屋陽宅固然講究環境美，造墳築墓也不能疏忽環境美。自然環境不佳，則風水必定不好，必須加以改善和創造。從科學的觀點而言，山青水碧，綠樹成蔭，當可防止水土流失，阻擋寒風侵襲，給人帶來舒泰的心境，正如美學家所言，綠色植物「能喚起人們對自然的爽快的聯想」。

在房屋的周圍或墳地的前後左右，如果寸草不長，無論如何，不能算是好風水。面對沙地、荒山、禿嶺，自然就會懷念起青綠植物的好處。花草樹木是人類的良伴，可說是生命的元素、文明的象徵。綠色是春天的顏色，顯示了新生、健康、活力、希望。

無論是房舍或墳墓，在風水佈局上都不是一個孤立的份子，而是與周圍環境互相呼應，息息相關。江山美如畫，處處一片青綠，才會受到風水家的青睞。山東曲阜孔子家族的墓地，縱橫三千畝，遍植樹木逾二萬棵，四周築牆環繞七公里，可說是世界上最大的風水林。

宅前忌桑宅後忌柳

無論住宅、店鋪或商場,大門口前方正中位置最不適宜種植大樹。從風水角度而言,此大樹稱為「頂心杉」,足以干犯宅地氣場,擾亂宅中人丁的和諧、安寧,爭吵增多;不僅妨礙吉氣入宅,更造成入口陰暗,光線不足,助長陰氣。

歷代風水典籍幾乎一致確認,如果宅前正中有一棵大桑樹,即風水所說的「頂心杉」,而後園又栽植了幾棵柳樹,屬於明顯的房屋風水敗局。

民間歷來忌諱在房屋的前後分別種植桑樹和柳樹,因而有一句耳熟能詳的風水口訣:「前不栽桑,後不種柳。」宅前不栽桑樹,是因「桑」與「喪」同音,出門見桑(喪),唯恐不吉,「門前桑」於是成了「望門喪」;不正當的男女關係叫桑中之約,因此古人都儘量避免屋前種桑。

據考證,宅後不栽柳,有多個寓意不吉的因由。一是柳絮無籽,栽於宅後恐怕絕後,家無子孫後代。二是古人慣常在墳墓後面栽種柳樹作為墓樹。三是民間殯葬禮儀所用的喪杖和招魂幡都是用柳木制作。

此外,另據歷史記載,晉文公當年放火燒山,介子推母子不肯就範,正是緊抱後山大柳樹燒成焦炭。

歷來的風水家以樹木聯繫人運的吉凶,重視房屋周圍的

樹木，視為環境佈局上的一個非常重要的環節。

　　我曾經瀏覽過清代學者林牧的《陽宅會心集》，書中斷然指出，除了大門口前方正中位置，宅地之內的房屋四邊，都適宜種植樹木，但不宜太密太多，否則弄巧成拙。如果以方位推算，宅地的「乾方」（西北方），是最宜植樹的吉利方位。

住宅與樹木

　　風水很重視樹木，最反對胡亂伐樹。清代林牧著《陽宅會心集》斷然指出，多年的高大喬木，與鄉運有關，不可亂伐，「樹之位吉者，伐則除吉；位凶者，動亦招凶」。他又說，即使有樹木生長在不吉的方位而應予除去，也不可以一旦斬清，而應該「漸減去之」。

　　風水如此重視樹木，以樹聯繫人運的吉凶，在客觀上保護了大自然的環境生態。這種觀念反映在族譜的祠規之中。

　　鄉村宅基，都以樹木為衣毛，非大量植樹不足以保護生機，尤其是高地或山谷地帶，常吹烈風，需要樹木作屏障，抵禦寒氣。宅居草木繁茂，意味生機蓬勃，家運興旺；樹木頹敗，花果凋零，預示家運衰落。

　　住宅的四周種植竹林，屬吉。住宅西北方有大樹，也屬吉；西北為乾方，最適宜植樹。東植桃楊，南種梅棗，西栽榆樹，北植杏李，均屬大吉大利。但如果東種杏樹，西植桃樹，北棗南李，則屬栽植不當，容易引起邪淫。

　　宅前種槐樹，槐象徵吉祥。史書記載，古代大官門外照例種植三棵槐樹，象徵司馬、司徒、司空三公的品位。《宋史．王旦傳》提到此事，說王裕曾手植三棵槐樹在門外，希望子孫官至三公，榮華富貴。

無論住宅、店鋪或商場，大門口正中不適宜種植大樹，此大樹俗稱「頂心杉」，影響宅中人丁安寧。事實上，門前正中種大樹，不僅妨礙吉氣入宅，而且造成入口陰暗，光線不足，助長陰氣。

　　《陽宅會心集》指出，雖然宅地之內的房屋四邊，都適宜種植樹木，但卻不適宜種植太多大樹。從實際方面考慮，行雷閃電時，濕樹易於導電，不利人畜；樹根入屋，動搖地基，影響房舍；遍地落葉，清掃費時失事，也不划算。

玄司寧著　《風水縱橫》

樹木保風水

據甲骨文的資料顯示，中國人早在三、四千年前的殷商時代，就開始種植樹木了。一千多年前的西周時期，王室甚至設置了「林衡」、「山虞」等官職，主管量地、栽種和護理林木等工作。當時的官府還明文規定，如果不種樹，死後不能用棺木──「不樹者，無槨。」

北魏孝文帝時，百姓不僅要按官府指示數量種樹，而且還要在三年之內完成，否則將土地收回。所限定的種樹數量是：桑五十株，棗五株，榆三株。當時的百姓都以植樹作為自己對社稷義不容辭的責任。

樹木與風水有密切的關係，沒有樹木的地方不能說好風水。古人提倡廣植樹木，顯然並非全無道理。

歷代的文人之中，唐代的柳宗元最重視植樹，而且身體力行。他在廣西柳州擔任刺史時，曾在詩中寫道：「柳州柳刺史，種柳柳江邊」；「手種黃柑二百株，春來新葉遍城隅」。他還根據自身的體驗，寫了一篇傳誦千古的文章《種樹郭橐駝傳》，聲稱植樹應該「順木之天，以致其性」。

北宋時代的蘇東坡，也曾植樹幾萬棵，自謂「少年頗知樹松，手植數萬株」。他在杭州當官時，曾發動百姓築堤植樹，西湖十景之一的「蘇堤春曉」就是他當年的傑作。蘇東

坡所作的《萬松亭》一詩，曾痛斥胡亂斬伐松林的人，對山林慘遭伐害表示痛心。

　　清代的左宗棠在擔任陝甘總督時，也曾發動軍民在潼關到新疆的一段道路上遍植樹木，綠化環境，還張貼告示「有毀樹者即軍法從事」。後來他調職新疆，又發動軍民在玉門關至迪化（即現在的烏魯木齊）間的公路沿途植柳，長達一千多公里，因而有「新栽楊柳三千里，引得春風度玉關」的詩句。

　　歷代的人深信，樹林能保住風水，好風水又能使他們安居樂業，子孫繁衍。

栽種植物的禁忌

前文提到「前不栽桑，後不種柳」。在屋前屋後栽種植物，各有禁忌，不能胡來。北京出版的《知識畫報》於1984年第一期刊載的一個有關種樹的風水故事，便是一個很好的說明：

從前，磨盤山下有一個大財主，富甲一方。有一年，他蓋了一座大房子，紅牆綠瓦，佈置豪華，入住以後，大財主忽發雅興，在前院種了桂花、葡萄、蘋果、核桃等樹木；又在後院種植了松、柏和接骨木。

有一天，村裡來了一個懂風水的遊方道士。他受大財主的延聘，回家替新居看風水。那道士經過一番勘測以後，斷言該宅風水不佳，必定「先妨院中樹，後妨家中主」。

說也奇怪，大財主前後院栽種的樹木居然都不能正常生長，葡萄不開花，蘋果不結果，松針枯黃，桂花落葉，院子裡一片荒涼。

大財主不敢久居，立刻帶著家眷遷走。房子沒有人願意買，只好棄置。

後來有一個樵夫腳部受傷，不能上山幹活，想找個地方養傷。聽說該房子沒有人敢住，於是住了進去。

在養傷期間，樵夫把前後院的樹重新栽植，將桂花樹移

到後院，松樹和柏樹改種大門外，核桃樹和接骨木也遷至大牆外面。

到了第二年，葡萄和蘋果竟然結出了滿枝滿架的果實；桂花也重新散發芳香；碧綠的松柏樹在門前迎風招展；核桃和接骨木也長高了。

村裡的人都不明白箇中原因，為何一栽一移，就能改變風水，不再「妨院中樹」。

從科學而言，樹木身上散發的分泌物，會透過空氣和水分傳給別的樹木。這些分泌物，對有些樹木有利，對另一些樹木則不利。如果胡亂種植，結果是樹死花落。

上述大財主就是胡亂種植。葡萄的分泌物不利桂花，反之亦然。核桃的分泌物，蘋果受不了。接骨木的氣味能使松柏樹枝黃葉落，漸趨枯毀。

歸有光的「項脊軒」

明末著名散文家歸有光筆下的「項脊軒」，是一間向北的房子，得不到陽光的照射，一過中午，室內就暗下來——「北向，不能得日，日過午已昏」。因此，他大興土木，在向北的地方開了四扇窗戶，又在院子的周圍砌上牆，利用牆壁將南邊射來的陽光反射進內，才讓室內明亮起來——「前闢四窗，垣牆周庭，以當南日，日影反照，室始洞然」。

中國地處北半球，整年之中，太陽光線是從南方射來，住宅以坐北向南最合理，最科學，這樣既可採光，又可自然調節室溫。風水家推崇坐子向午（坐北向南）的房屋，列為大吉，顯然並非「此說不通，不足為信」。

歸有光的項脊軒，如果在興建之前就徵詢風水先生的意見，一定不會在落成之後大費周章，開窗建牆，忙碌一番。

中國是東亞典型的季風氣候地區，夏季多東南風，冬季多西北風，夏天氣溫升高的時候，常有來自太平洋的涼風消暑。在冬天，寒潮和烈風從北方吹來。風向的改變帶來了明顯不同的天氣和氣候。

正因為冬夏的季風性質不同，興建房屋時，應以坐北向南為宜，大門要開在向南的一方，不可開在北邊。如果非朝北面不可，則門口之內要有一個屏風，以阻擋正北吹來的寒

風。同時，朝北的窗戶也應儘可能小而少。

限於實際環境，房屋不可能全部採用背北向南的最佳方位。街道既有南北向，也有東西向，兩邊的房屋便有各不相同的坐向。中國北方的城市，房屋朝西的門安裝「門斗」，使門口向東向南開，藉以避免寒風直入室內。北京常見的四合院，也是一種躲避寒風的建築形式，緊密的四合院，即使外界朔風怒吼，院內都能保持寧靜。

苔痕上階綠

在風水家的眼中,水有吉水和凶水之分,從而形成吉地和凶地。理想的住宅除了空氣好、採光佳、室內清爽乾燥,還必須地基高,周圍溝道疏通,才符合好風水的基本條件。

唐代著名文學家劉禹錫曾經居住過的那間「陋室」,「苔痕上階綠」,顯然就談不上好風水了。

劉禹錫的《陋室銘》是一篇傳誦千古的佳作,全文只有八十一個字,文中提到「苔痕上階綠」(綠色苔蘚的痕跡遍佈台階),可見屋內地面低,地下水位則偏高,以致室內濕度大,長滿苔蘚。

房屋濕度大,所謂「濕氣重」,很容易患上關節炎,甚至發生風濕性心臟病。這樣的住宅無論如何不是好風水。

劉禹錫當年因為得罪朝廷大臣,被貶至安徽的和州當通判。依照當時的規定,他應住衙門裡三間三廈的屋子,但當地的策知縣是個趨炎附勢的勢利小人,故意為難他,讓他到城南一處面江的地方居住。劉禹錫自得其樂,寫了一副對聯——「面對大江觀白帆,身在和州思爭辯」,貼在大門口。

策知縣知道此事後,立即下令衙門的書丞,將劉禹錫從城南遷到城北德勝河邊,住宅由原來的三間縮為一間半。劉禹錫不改樂觀的本色,又寫了一副對聯,貼在門口:「楊柳

青青江水平，人在歷陽心在京」，表白他壯志不死、關心國事的情懷。

策知縣氣上心頭，再下令書丞，物色了一間只能容納一床一桌一椅的小屋給劉禹錫居住。在短短半年間，他三易居所，於是憤然提筆，寫了膾炙人口的《陋屋銘》，請人刻在石上，立於門口。

策知縣也許知道那陋室風水不佳，因而刻意作此安排。

住宅的禁忌

住宅風水，首重納氣和氣色。如果吸納的地氣和斗氣都旺，才可以列為大吉福貴。地氣旺而門氣衰，或門氣旺而地氣衰，均屬不吉。氣的旺衰，視乎來氣的方位是生還是剋。氣從生方來，住宅受生，染吉氣；氣從剋方來，住宅受剋，宅中人亦沾凶氣。

至於氣色，則以觀望辨別。有些房屋表面雖然殘舊，但容光煥發，大廳之內即使無人，也有熱烘烘的氣象，這樣的房屋必然旺發。另一些房屋，雖是新建，但氣色暗淡，廳中雖有人，陰森依然，其家必敗落。

風水也很講究宅與宅之間的關係，禁忌很多。鄰居的屋角正對自己的大門，那是泥尖煞。若角對左方，對家中男性不利，角對右戶，則對女性不吉。

風水主張平行幾家的房屋，應建在一條脊線之上，這叫「一條龍」。若有一間向前突出，叫「孤雁出頭」，必定損喪人丁。若向後突出，叫「錯牙」，對屋中人也不利。

平行一排的房屋，以同樣高低為宜。若一高一低，吉氣就會受阻。左邊的一間可以高於右邊的一間；絕不能讓右高左低。按照風水理論，左屬青龍，右屬白虎：寧願青龍高萬丈，不要白虎抬了頭。

風水又認為，宅前不應該有棄置的破屋。在室內佈局，床頭不宜沖門或對大鏡，床也不宜安置在橫樑之下（俗稱橫樑壓頂）。

爐灶不宜對房門或大門，更不宜對正路口。晾曬衣服的竹竿不要橫過灶台。

宅基必須前高後低，前窄後闊，不宜後高前低，後窄前闊。住宅基地以正方形最吉。宅大人少，不吉；宅小人多，也不吉。住宅縱深比橫闊長，主福澤悠長。橫寬比縱深長，不吉。

住宅的橫樑根數和梯級，以單數為吉，避免雙數。古老的風水理論認為，從宅外見到屋內的主柱，主出不孝之子。

尺寸之間榮枯頓異

　　古來的風水家很重視陽宅的門路、灶井、坑廁、碓磨、畜欄、扶梯等等的安置，有所謂「內六事」的說法，認為其佈置是否恰當，對人丁的吉凶有直接的影響。

　　內六事之中以門最重要。門是吸納氣之口，門開在吉方則納吉氣，開在凶方，則凶氣進宅。宅基即使屬凶，若能改大門，安置在吉方，即可逢凶化吉，因此有風水家說「尺寸之間，榮枯頓異」。

　　門不可亂開，否則氣散宅虛，難以納福。大門和宅地都吉，當然最好；萬一地凶而大門吉，也可勉強接受；如果地和大門都凶，那就福薄禍大了。大門的吉凶與全家人的命運都有很大關係。至於房門，是各房間的主門，則與居住該房間的人有直接關係，仍須選擇吉方，以助吉氣進入。

　　風水家是以遊年八星的飛佈而定宅的吉凶，將宅的八方分為四吉和四凶，再配以人的宮命。中國傳統坐北朝南的民居，多在巽方（東南）開門，很少在坤方（西南）開門，因為這種坐向的住宅，西南方是絕命方，俗稱白虎門，預示母子亂倫，最凶險；東南方開門則為青龍門，大吉大利。

　　由於宅地各種客觀環境的限制，有時的確不可能在吉方開門。在這種情形之下，古代的風水家多指導房屋的主人另

開假門，或用抽爻換象之類的方法補救，藉此增助吉氣，宣洩凶氣。

風水家有所謂「門向地中行」的說法，宅門以羅盤二十四山的支山為向。以上面提到的坐北向南的民居為例，在東南方的辰、巽、巳三山之中，大門須偏左或右的，應以辰、巳兩支山為向，不宜正向巽位。

此外，大門宜用兩扇門，後門宜用一扇門。按古代的習慣，兩扇謂之「門」，單扇謂之「戶」，這才符合「天門地戶」的標準。天門宜在吉方而常開，藉以納吉氣。地戶宜在凶方而常閉，象徵洩凶氣出宅。

大門——氣口、氣道

　　大門是陽宅主要的部份；古往今來的風水家在評定居宅的吉凶時，都很重視門向。門是陽宅的氣口、氣道、咽喉，連接溝通內外兩個空間，與住宅的興旺或衰敗有很大關係。

　　按照風水術聚氣的原理，門必須能得氣、進氣，而不閉氣、漏氣，才算吉門。大門要開在旺方或生氣方；大門之內的門，要避免互剋，而且要避免開在同一直線之上。

　　中國古代大富之家的大門多是朝南、東、東南，而且力求面向秀麗的山峰和彎曲的有情水。大門之內設有屏牆，使宅外的人不能直望宅內。故宮九龍壁即屬此類屏牆，宅內曲徑通幽，既通達又易控制。這些都是風水理論的實際反映。

　　大門以溝通大路為吉。氣生大路，大門一開，吉氣從門而進。大門忌背旺向煞，否則招凶不利。

　　陽宅忌對衙門、獄門、兩家對門，一旺一衰，宜避免。

　　風水家認為，大門宜開青龍位，忌開白虎位。宅大門小不吉；宅小門大也屬不吉。

　　門的吉凶事關重大，古人把「開門取水」當作第一件要事。清代成書的《寸白簿闡微》就指出，「觀一宅之興旺進退，宜先從大門著眼」。

　　清代王若虛在《陽宅心鏡注》一書中說，陽宅取門有三

大忌：一忌迎風開；二忌門外空間少；三忌進門見樓梯。

　　建築界譽為傑作的香港藝術中心，剛好犯了以上三忌。中心的大門向著風口，門外又無屏障，風沙經常撲面而來。市民一到門口即匆匆內進，不欲在門口久留或等候。此外，藝術中心大門外空間狹窄，既無寬闊的廣場，也無避雨的走廊，可說全無走動的餘地，進出的市民都感到很不舒服。最後，藝術中心的大門恰好與大樓樓梯相對，整個建築予人以狹窄不堪的感覺，氣度大打折扣。

大遊年變爻

在風水古籍中，有一部《八宅周書》（另名《八宅明鏡》），以大遊年變爻衡量陽宅與主人命數的配屬吉凶。其中很多理論雖屬謬誤，但所言朝向，並非全無可取。

根據陰陽相配之說，八卦分為兩部份——乾、兌、艮、坤，稱為西四宅；離、震、巽、坎，稱為東四宅。在設計陽宅的平面時，以其坐向確定屬性——屬於八卦中的哪一卦。例如坐北朝南，便稱為「子山午向」，屬坎宅，也就是東四宅。然後根據宅主人的出生年月日推算其八卦屬性；最後根據宅的屬性採用「變爻」的大流年法，推算出住宅各個方位上「九星」的流佈。

這種流佈決定了住宅的各個方位的吉凶，從而在設計上將大門、床、廚房配於吉方；將廁所、浴室、儲物室等配於凶方。

風水家認為，大門不宜設在北方位，屬鼠的人尤其應該避免。東門是吉相之門，但對於甲、卯、乙年出生的人，則屬凶相。東南方位，即所謂辰巳之門，屬於興旺的吉相，但對於辰年（屬龍）和巳年（屬蛇）出生的人，則屬不吉。至於其他方位也各有宜忌。

風水家認為，陽宅的大門絕對不宜設在鬼門線上。根據

《大吉大利好住家》一書指出，東北四十五度的範圍叫《表鬼門》或「男鬼門」；相對的範圍（即西南方）則叫「裡鬼門」或「女鬼門」。通過這兩鬼門的一條直線便稱為「鬼門線」。

傳說，古代的災害，尤其是匪賊，多自東北方而來，秦始皇也在東北方修築萬里長城，加強防務。因此將東北方位定為「鬼門方位」。

從科學而觀，東北方背陽，帶濕氣，乃是產生腐敗的方位；在西南方，太陽西斜，紫外線趨弱，殺菌力低，容易滋生腐朽。這兩個方位都不大適宜開門。

玄司寧著 《風水縱橫》

第八章　催子・文昌・桃花

八宅派催子法

　　廁所是藏污納垢的地方，穢氣充盈。古代的風水家將廁所劃為「戶外六事」之一，很重視其所在的方位，認為安置不當，足以產生不良影響。

　　風水理氣派的九宮飛星法，將陽宅格局分為九宮，然後依公式推算，凡四綠星飛臨的方位，稱為「文昌方」。如果某戶人家的廁所剛好設置在文昌方，就成了「污濁文昌」，主戶中人的聰明秀氣大受損害，不利功名。

　　古籍《金光斗臨經》說：「《指掌》云：文昌方不可安廁，名污濁文昌，主埋沒秀氣，兼損名譽。」此外，又有風水家認為，「將星」飛臨的方位不可設廁；也有人不以西北方乾卦天門作廁；還有人以廁所在五行上屬金，認為不宜安於陽宅「山盤」的火方。各家各派的風水家在推算廁所的位置時，都有一套規矩。

　　風水理論中，有所謂「八宅派催子法」，認為將廁所或灶座安放於欲想添丁生子的人的本命凶方，並使灶門朝向本命的「生氣方」，則一年以後即可生貴子，百事吉祥。

　　這方法成效如何，不得而知。八宅派堅信，凡穢氣充盈的空間或器物，安於本命凶方，即能以毒攻毒，反禍為福。

　　八宅派大師王肯堂在其著作中說：「凡出穢之所用，壓

於本命之凶方，鎮住凶神，反發大福，甚驗……然詳審方位不可混錯，或誤改於屋之吉方，則同來路之凶矣。」

　　風水家最重視大門的方位和方向，有所謂「千金大門，四兩屋」。上述的王肯堂把「出穢之所」「誤改於屋之吉方」，視同開門方位不對而造成「來路之凶」。

　　廁所固屬不潔，陰暗的地方同樣屬於不潔。四面高山壓逼，或四方大樓緊貼，以致三陽不照，陰氣襲人，這樣的住宅形同「天牢」，主大凶，也不宜居住。

趣談「催子局」

傳統思想認為「不孝有三，無後為大」，特別重視家添男丁。這一由來已久的觀念，早已根深蒂固。古代風水典籍在這方面的論說很多，其中一些提到在住宅內佈置風水「催子局」的詳情，因而大受後人垂青。

一位朋友向我訴說：夫婦結婚已六年，一直未有所出。二人日夕盼望添一男孩，詢問我能不能替她夫婦找到一幢可助添丁的房屋。

我曾在雅零老師珍藏大批風水古籍的書房，看過一部明末清初的線裝著作《宅舍秘笈》，提到了「催子局」。

佈局操作不算複雜：先根據書中驗方計算夫婦二人生辰八字的本命凶方，用羅盤定位，再在該方位立線安廁佈陣，廁門朝向宅內生氣吉方，改變氣場。

清代學者王肯堂曾在筆記中證實此方靈驗：「……出穢之所壓凶方鎮凶神，可生貴子發大福，百事吉祥，甚驗。」

風水古籍《宅議》也有這類佈局的記載：「房內值年、命二方，主不孕。」所謂「年方」就是太歲方，「命方」即本命方。

另據一些風水古籍記載，爐灶或主房房門如果位於本命方，也會導致求子艱難。床壓太歲方和本命方，抑或爐灶、

主房房門位於本命方，竟然不孕。若欲追子求嗣，顯然就要反向佈局了。

　　選擇適當的住宅再佈風水「催子局」，是否成功懷孕產男，還牽涉一個關鍵性因素：夫婦必須身體健康正常。如果生理上有缺失，例如丈夫輸精管或太太輸卵管閉塞，單憑風水佈局必定無能為力。

　　康熙年間京城發生過一件趣事。當時西郊有一戶拾荒為生的貧困人家，九年間誕下六個男嬰，雖是一般人朝夕渴求的男丁，但難以為養，苦不堪言。有位風水功力深厚的老僧一天雲遊到此，得知實情，自薦入宅勘測。宅中廁所原來不偏不倚剛巧建在「本命凶方」的催子方位。

　　老僧說，只要移廁，並在本命方安放主人夫婦的睡床，以後便不會再有添丁煩惱了。夫婦移廁安床之後，果然得償所願。

污穢文昌影響子女學業

望子成龍，望女成鳳，人之常情。很多人不惜高昂的代價，在名校區置業，期盼子女近水樓台，入讀名校，將來成龍成鳳，出人頭地，光宗耀祖。

入住名校區讀名校，未必可以保證子女必定考取功名，將來登上社會高峯。成敗的關鍵在於住宅是否有可用的風水文昌位，憑藉風水氣場強化子女書緣、記憶和思維。

朋友告訴我，有同事入住新居後，子女變得疏懶貪玩，精神渙散，無心向學，同事夫婦二人為此非常憂心。如果家居的文昌位恰好在廁所，所謂「污穢文昌」，自然就會出現這情形。

在名校區置業購宅，必須確定一點：新宅是否有顯著的風水文昌位，闢作書房，安放書桌，足以增益子女書緣，加強他們成龍成鳳的助力。

在香港經常受聘替名人、明星子女推算文昌位的雅零老師（我的風水導師之一），在他的著作《風水趣語》一書中說：慣用的文昌位有三種，以推算時所用的方式而定名：一是宅舍文昌，因宅而定，以房屋坐向推算，位置恆久不變；二是流年文昌，因年而異，隨年運流轉，位置每年不同；三是本命文昌，以生辰八字顯示的命格推算定位，位置因人而

變。

　　雅零老師指出，三種文昌位之中，以宅舍文昌的效應最強。倘若氣場、佈局和內外環境都能巧妙配合，在該處安桌讀書或工作，更易得心應手，事半功倍，而且每有福至心靈的妙應。

　　在歷史上，有關因得文昌之助而致金榜題名或升官晉職的記載，可說數之不盡。

　　歷來的風水家深信，文昌位具有增助書緣、催發科名和促進思維的效應。古時追逐功名的讀書人，以至於當今「食腦」一族的專業人士，尤其是專門替他人「度橋」打官司的律師，對於這類可助思維的文昌位，都趨之若鶩。

　　文昌位最忌落在廚房或廁所等地方，受到廚廁壓抑，變成「污穢文昌」，那是古代讀書人非常忌諱的事。

書房佈局三宜三忌

在我接觸的客戶住宅之中，兒女已經長大的很多家庭，都將本來的書房改作辦公室，方便於下班回家後繼續在此工作。可惜每多佈局錯置，變吉為凶，良佳的吉局磁場變成了敗局。其實這狀況只要稍加修改，便可化腐朽為神奇！

文昌位在房屋中所在位置，不一定在書房，有可能在廳堂甚至廁所，如果剛好落在書房，最宜安放書桌。

歷史上很多讀書人深信，文昌位具有增助書緣、催發科名和促進思維的效應。因此古時追逐功名的讀書人，以至當今日夕用腦的專業人士，尤其是專門替他人部署策劃打官司的大律師，對於這類可助思維的文昌位，都趨之若鶩。

古時很多信奉風水的讀書人悉心為書房佈局，力求善用宅中文昌位，藉以助長文思，利旺科名或仕途。文昌位共計三種：以房屋坐向推算的宅舍文昌、以年運流轉定位的流年文昌、以生辰八字確立的本命文昌。在文昌位放置書桌，讀書、思考、寫作，更易獲致思維敏捷、心靈手巧的妙應。

書房宜保持明亮、寧靜、優雅；忌強光照射、如過於昏暗或堆放太多雜物，則干擾氣場。書桌宜安文昌正位，但位置應以古人教誨的「兩眼不觀窗外事，一心只讀聖賢書」為宜，因此忌面向窗戶，免致舉目即見外景，易於分心。

座位宜前向壁上賞心悅目的字畫，後靠牆壁或書櫥（風水家推許的「樂山」格局），左貼窗戶（光線從左邊青龍方投入，既屬吉象，又可避免右手執筆時產生的手影）。

雅零老師的書房「大雅齋」，不僅完全合乎上述的傳統標準，令所有到訪的朋友最傾心的，是珍藏的風水古籍非常豐富，數量逾千冊，不僅有宋代成書的《戶外六事明鏡圖》以及明代萬歷年間重刊的宋朝孤本《宅法天機奧語》，還有明代江西堪輿大師周視的兩部名著《陰陽定論》和《倒杖秘訣》。此外又有他從日本高價買回的《陽宅神搜經》、《宅譜大成》、《風水砝惑》、《河洛精蘊》、《地理錄要》和《蕉窗問答》等十多部線裝書。

利旺桃花的房屋

很多已過婚齡的單身女子,都期盼催旺桃花運,桃花早日盛開,締結良緣。

有些人命屬「孤星格」,即所謂尼姑命、和尚命,終生「孤雁獨飛無相伴」,如果先天命格註定如此,確實無可奈何。年過四十仍然獨身,如果不是命中生成,而是因家居風水而導致,按照傳說的風水理論,只是宅命相配,經由風水佈局擺位之後,就有機會催旺桃花。

根據從命卦衍生出來的數據,選擇一個配合自己命卦而又利旺桃花的居所,其實並不困難;只怕命屬「孤星格」或者姻緣運已經完結,「桃花開盡了無痕」,那就很難憑藉「風水吉宅」扭轉乾坤了。

當然,這類居所是否具有足夠力度,催旺桃花姻緣運,還須視乎室內氣場和佈局而定。

傳統的風水術有一套固定的強化姻緣桃花運的方法:首先依據該人的生辰八字推算出有利的安床方向和有利顏色,在宅中桃花地安床,再在房間四壁髹上該種有利顏色,並且在桃花地正位放置一個配合該人五行的花瓶,用清水供養鮮花。

明清兩代都有風水名家在著作中提到上述關於桃花地的

理論。

　古籍還有一組廣泛流行的風水口訣，道出了每一個生肖的桃花地所在方位：「寅午戌，兔從卯裡出。申子辰，雞叫亂人倫。亥卯未，鼠子當頭忌。巳酉丑，躍馬南方走。」口訣中的卯，即兔，代表東方。雞即十二地支中的酉，代表西方。鼠子代表北方。馬即午，代表南方。

　上述口訣清晰點出：生肖屬虎、馬、狗的人，桃花地位於東方90度。生肖屬猴、鼠、龍的人，桃花地位於西方270度。生肖屬豬、兔、羊的人，桃花地位於北方360度。生肖屬蛇、雞、牛的人，桃花地位於南方180度。

何類住宅易生婚變

　　常見身邊很多恩愛夫婦突生婚變，離婚收場，要處理資產，放盤出售已經居住多年的住宅。夫婦分手當然有很多原因，傳統上有所謂「一命二運三風水」的說法，兩人的生辰八字互沖可能是主因。本文單說住宅風水。

　　我在雅零老師珍藏大批線裝風水古籍的書房「大雅齋」裡，看過清代學者沈竹礽的一部著作，書中提到三元九運之中，每運至少有六個坐向的房屋「納氣不純，先天不足」，容易招致同床異夢，夫婦分手。（附帶一提：擅長書法的藝壇天王劉德華，八年前親筆題贈給雅零老師的「大雅齋」三個大字，至今仍懸掛在書房牆上。）

　　以2004年立春後落成的「八運宅」房屋為例，大門和主房如果向艮、寅、辰、坤、申、亥等方向，都屬於這一類。此外，若是宅形不正，或者是大門開在「七赤」破軍星的方位，每遇流年巧合，宅中夫婦也會容易招惹婚外桃花，最終導致婚變。

　　按照風水古籍的理論，「夾角桃花」格局的房屋是另外一例。如果夫婦的睡房之內，夾角相連的兩面牆壁各有一個大窗，風水學上稱為「夾角窗」。倘若一窗向正東九十度，另一窗向正南一百八十度，則稱為「夾角桃花」。

據風水古籍的論斷，「夾角桃花」格局主凶，最容易擾亂宅內氣場，促成陰陽差錯，一方吉氣到戶，另一方凶星入宅，凶中藏吉，可惜凶多吉少。最明顯的效應，是引發婚外情，出現桃色糾紛，導致夫婦關係破裂。

傳統的風水典籍向來有所謂「桃花地」的論斷，如果誤將先人遺骸葬在該等凶地，家族便會繁衍奸邪貪淫、嫖賭散財的子孫後代。桃花地散發的煞氣，在風水古籍上又稱鹹池煞或敗神煞。人居的陽宅也有桃花地，那就是羅盤二十四向中的子、午、卯、酉。倘若宅形犯忌，偏巧大門又開在「七赤」破軍星的方位，在宅運衰落的年份，就會交惡運，招致桃花煞、甚至桃花劫。

夫婦倘若發覺身處宅中桃花地而出現同床異夢、不安於室的現象，很可能是催旺了桃花，應該立刻換房或移床，避開桃花劫煞。

一家四人金榜題名

在古代,很多讀書人都相信風水,認為只要覓得風水寶地,祖墳起氣,而陽宅又能適當配合,子孫後代自能金榜題名,仕途精進,富貴榮華。

事實上,道行高深的風水師的確能從事主祖上的陰宅狀況,準確預測科舉的結果。

宋代成書的一部筆記《春渚紀聞》,記載了當時有一個名叫張嘉甫的讀書人,請風水師替其在弁山的祖先墳墓看風水。那風水師經過勘察以後,對張嘉甫說:「你家以後逢丑年(牛年),如有人參加科舉考試,必定高中。」

該風水師的預言果然應驗。熙寧癸丑年(即熙寧六年,1073年),張嘉甫的父親通直得中,入仕當官。其後在元豐乙丑年(十二年後),張嘉甫本人高中登第。到了大觀己丑年,張嘉甫的兄長大成又中舉。重和(應為「宣和」)辛丑年,張嘉甫的胞弟大受登第。一家四人都在逢丑的年份赴試而高中,成了當時讀書人嘖嘖稱奇的趣話。巧合乎?風水師相地靈驗乎?

另據宋代另一名著《揮塵後錄》記載,書生范擇善的父親有一年出門,前往上饒(今江西省東北部),途中患病,在寄宿的一個寺廟死去。廟中主持是一位諳風水的老僧,建

議范擇善將遺體安葬在廟後半山上的一個地方。該老僧說，那地方是一處吉穴，可使後人金榜題名。

范擇善聽從老僧的建議，擇吉安葬。後來，他果然高中科舉。范擇善仕途得意，官運亨通，數年後重返該寺廟，將他父親的遺骨起出，遷回原籍家鄉。老僧勸阻不聽，連連搖頭。未幾，范澤善以飛語開罪了當道的秦檜，遭撤職查辦。

上述兩書記載的都是真人真事，類似的事例還有很多。讀書人苦思冥想之下，自然相信風水的玄妙了，無怪乎歷代很多著名的風水家都是學有所成的士人。

風水敗局拖累家運

按照傳統的風水理論，住宅的嚴重敗局有十個，「前後相通」是其中最常見的四大敗局之一。以兩層高的獨立房屋而論，另外三個敗局是：廁壓大門、灶火烤主、梯佔中宮。

這裡僅從風水古籍顯示的傳統理論，談談最常見的住宅敗局「前後相通」的弊端。

當今不少住宅，不論是獨立房屋或者大廈單位，大門與後門或陽台又或者後窗同在一條直線上，前後通透，進入大門，一眼便望到外面雲天。如此穿通格局，不僅易生「穿堂風」，損害人體健康，而且容易洩財漏吉氣。

禳解這類「前後相通，人財皆空」的洩水局，最簡便的方法就是在這條直線上靠近入門處加置屏障，形成玄關，藉以聚納吉氣、抵禦外煞。加置的屏障，無論磚牆、雜物櫃、鞋櫃、屏風皆可，視乎實際需要而定。

玄關是從大門進入客廳的緩衝地帶。傳統風水學認為，這是家宅防止宅內旺氣外洩和抵禦外煞內沖的一道屏障，是風水佈局操作上非常重要的一個環節。

日本的傳統住宅都設置玄關，其他地方的很多現代建築也可見玄關。

有些人以為「玄關」是日本名稱，這名詞其實源出於道

教用語，原意是「眾妙之門」，最早見於道家經典《玉皇心經》，其後出現於佛教的《普燈錄》。唐代大詩人白居易也曾在詩句中提到「玄關」二字。

在日本，最先採用玄關設計的是禪寺，方便方丈和善信出入，直至江戶時代才普及至民居。

按照傳統風水理論，來自外局的凶煞計有形煞、氣煞和光煞三大類共約二十多種，其中尤以天斬煞、天刀煞、開口煞和刺面煞最為凶險。在玄關妥善佈局不僅可以防煞避邪、聚納吉氣，還可美化宅舍環境，令人進門之後眼前一亮，賞心悅目之餘，進而感受宅主的高雅品味。

玄司寧著　《風水縱橫》

大吉風水可招大凶

　　風水吉宅甚至是上吉宅，宅運雖佳，極其量只是適合部份人居住而已，不可能適合所有人。關鍵在於每個人各有不同的生辰八字。這是風水學上一個基本的常識。

　　很多人都知道，香港回歸那一年，當時的匯豐銀行英籍「大班」，突然決定將港人公認風水極佳、歷任大班專用的官邸「天比高別墅」出售，結果引發兩單大受港人注目的嚴重事件⋯⋯

　　大宅「天比高別墅」位於太平山頂，佔地大約五千平方尺，成交價當時被列為「全球最昂貴物業」。買家是香港當時最大型的日資百貨集團八佰伴主席和田一夫。

　　這位日本富商入住後不到兩年，八佰伴竟然全線崩潰，宣佈破產。

　　曾經一度呼風喚雨的和田一夫，最後黯然離開香港，返回老家。

　　繼後由一家上市地產公司的主席、有「廚神」之稱的黃某購入。不久，他遭到同一命運，公司股票跌至谷底，被債權人提出清盤。

　　令我印象深刻的另一件個案，是一位憑藉出版連環圖漫畫致富的黃姓漫畫家。他也是一家上市公司的主席，發跡之

後，在香港風水龍脈結聚的淺水灣，購置了一幢有多位富豪居住過的大宅作為家居。

想不到入住後不久，招致嚴重官非，因涉及三千萬元訛騙案遭股東揭發而被捕，最終判刑入獄。

在香港和其他地方，類似的事例還有很多，限於篇幅，這裡不再引述了。傳統智慧的認知是：斷定某一住宅或店鋪屬於上佳風水的吉宅之餘，還必須確定該宅是否與自己全家人的命卦相配。

上述事例清楚說明，風水極佳的吉宅適合甲、乙，未必適合丙、丁。公認的風水吉宅對甲、乙是強身健體的補品，對於丙、丁可能是致命的毒藥。

這就是傳統風水學上所強調的「宅命相配」。五行屬火的人如果居住屬木的住宅，因木生火而越住越旺。如果這個五行屬火的人，居住的是一幢屬水的住宅，水火不容，即使風水再好，也會諸事不順。

凶宅奇異怪事

上海《新民晚報》於1988年十二月十一日報導，杭州灣陸家濱有一戶姓趙的人家，自從遷進新建的樓房以後，發生了一連串的怪事，一家幾口相繼得病，災難接踵而至。附近村民議論紛紛，說趙家新樓房是鬼屋、凶宅、風水不好。

據報載，老趙一家喬遷新居後不久，原是健壯的老母親即患上了肺癌，未幾去世。隨後，老趙的妻子突然感到渾身不適，夜作惡夢，記憶力嚴重衰退。老趙本人也病倒了，食欲不振、脫髮、心悸、頭痛。

趙家按照當地的習俗，在大門口掛了一面大鏡和一串紅辣椒驅邪，但沒有用。一個月過去了，老趙夫婦不但病情未有好轉，連獨生子也感染上了，頭暈心悸，四肢乏力。

正當老趙一家人感到惶恐不安、手足無措的時候，當地剛巧來了一支地質勘察隊。隊長要借用趙家空置的地方堆放儀器，測試當地的礦沙石料分佈狀況。

勘測隊的隊員偶然測試了房子裡的氡氣含量，無意中解開了趙家病因之迷———一家人的疾病都是因為新樓房所用的主要材料煤渣所含有的氣體元素氡的放射性而起。

據說煤渣中的氡氣是鐳和釷等放射元素蛻變的產物，無色無味，最主要的氡氣同位數，質量數為222，半衰期為

3.823天。長期吸入過量的氡氣，肺細胞受破壞，重則罹患肺癌，輕則頭痛失眠，煩躁不安。

美國環境保護局(EPA)發表的資料（註）顯示，美國每年大約有二萬一千人死於氡氣引起的肺癌，不確定範圍介乎八千至四萬五千人。在抽樣調查的一萬四千幢房子中，有超過二成的氡含量偏高，超過安全數值。美國的房屋主要建材當然不是煤渣，但放射性的氡氣有很多是從地下冒出來，再進入人體。

從另一個角度來看，這類使宅中人招致災禍的房屋，當然也是風水所說的「凶宅」。

註：EPA's Assessment of Risks from Radon in Homes EPA 402-R-03-003.

特殊氣場形成凶宅

很多人對凶宅心存恐懼，有很大的心理壓力。我看過一本有關中外凶宅的書，其中一章談到清代北京城的「十大凶宅」，居者若非暴卒，就是被殺，或遭遇嚴重事故。當時的人談虎色變，紛傳這些深院大宅冒犯了白虎星，因而公認風水極差。

十大凶宅的建築設計不約而同呈現類似的特點：不僅採光條件惡劣，昏暗陰森，而且宅相怪異，滿佈各種形煞，或則「望門喪」、「穿背水」，或則「血盆照鏡」、「白虎抬頭」。這些因素構成了凶宅的特殊氣場。倘若印證傳統風水理論所蘊含的環境學原則，可說全部相悖。

居住在這些凶宅的人長期受到宅內特殊氣場的感應，難免心緒不寧，精神恍惚，處事失當，以致行為反常，疾病纏身，災禍不斷。風水家斷為「凶宅」的房屋，不宜安居，理由就在這裡。

據說香港的大小銀行都備有一份各區凶宅名單，不會批准按揭放款，部份單位買方須自行支付全部樓價。因此，凶宅的定價通常偏低，現時只是市價的大約七成。

報載，新、港、台等地很多建築師都研習風水，其中一個目的就是避免在設計時不自覺犯忌，構建了凶宅或風水敗

局。

　　新加坡有一個眾所周知的事實：當地很多發展商都要求受聘用的建築師必須懂得風水基本常識，並持有修讀特定風水課程的證書，否則不獲錄用。

　　凶宅倘若因設計錯誤而造成，正如某些連年賠本而陷於結業邊緣的賭場一樣，大可透過改建工程化凶為吉。手頭上有一篇賭場改善風水格局後轉虧為盈的文章，原載北京《科學畫報》1988年第十一期，題為「科學風水學」，本書第六章、第七篇「另類環境地理學」亦有提到。

　　該文章謂，歐洲有家賭場，經常被賭客贏走巨額彩金，年年虧損，老闆無計可施，打算結業。後來有人向他獻議，效法中國古人「賭館進財」的風水佈局，又將賭場內局改為圓形，外局屋頂也改為圓頂。內外格局經此一改，賭場果然一洗頹勢，逐漸反敗為勝，財源滾滾而來；一眾賭徒則連場敗北。凶宅也是如此，改建之後即可化凶為吉。

歐陽修出殯日反凶為吉

古人有謂，「福地福人居，福人居福地」。心地善良的人，自有天意安排，棲居大吉大利的地方。歷來的風水家常以文學家歐陽修作例子，印證這句話。

宋代的歐陽修終其一生不信風水之說，在臨終的時候，吩咐子孫選擇凶日出殯，並且葬在堪輿學家公認遺禍後人最烈的地方，以示自己不信風水之心始終不渝。

凶日出殯那天，烏天黑地，狂風暴雨大作。歐陽修下葬不久，山洪爆發，墳地附近的山壁被洪水沖毀，整個風水格局大為改觀。原來大凶的地方變成了風水吉地，福蔭子孫。德高望重的歐陽修化險為夷，成了「福人居福地」的例證。

中國的風水觀念，大多源於古人防範自然或人為環境的經驗累積。最初或基於安全的理由，先民互相告誡，逐漸發展成為民間的風水理論。

一般而言，風與人體的接觸最頻繁，因而成了首要的討論課題。古人已認識到狂風的厲害，可惜缺乏現代人的「奇巧」，只好出以「藏風」才可「聚氣」之說。

平時稍微注意自然環境的人大概都知道，居家首先要防的就是寒冷的朔風（冬天的北風、西北風），所以偏愛坐北朝南的住宅——背向北方，借以抵禦冬季強寒的朔風。

風水理論的另一個課題——水，是生命的資源。民族的興衰與水源的旺弱有很大關係。源於黃河流域的先民，長期與水流交往的結果，積累了豐富的經驗，這些經驗給風水家帶來了靈感，逐漸形成了一套理論體系。

繁瑣的風水理論中，很多都含有先民的「防患」意識。歐陽修下葬的地方公認大凶，後來果然遭遇洪患，山壁被洪水沖毀，可見當時的風水家並非信口開河。

玄司寧著　《風水縱橫》

第九章　臥室時鐘鏡與魚缸

魚缸忌過高

很多人喜歡在家居或店舖內養金魚或錦鯉，以求趨吉避凶。室內養魚，在風水上有聚財、帶動旺氣的作用，但魚缸不應胡亂擺放，以免弄巧反拙。

魚缸最宜放置在旺位或吉氣位，忌放病位或煞位。至於這些方位的所在，則須利用理氣盤才可確定了。此外，屬土和屬火的人，都忌養魚，因為魚缸盛水，水對土和火均屬不利。在風水上，魚的數目也有嚴格規定。聚財和化煞截然不同。

用於聚財的魚缸，最適宜養九條金魚。九是至尊，有無窮無盡的含義。至於化煞，通常用六條黑魚。六屬金，金生水，依據河圖理論，有六合生成之意。古代的風水家建議：用圓形魚缸養六條黑魚，可化解尖角沖射的形煞和五黃的土煞。死了一條黑魚，等於化了一煞，立即補充一條。

我在一家金融機構，發現總經理座位背後一排存放文件的矮櫃上面，設置了一個高大魚缸，飼養了三條凶猛的龍吐珠。從正面觀望，總經理仿如坐在水底下辦公，應了俗語所謂「水浸眼眉」甚至「滅頂」的厄局。這是風水上的另一敗局。

此外，同樣屬水的泳池也有頗多必須避免的禁忌。圓形

雖然有圓滿之意，但圓形泳池或池塘歷來有「血盆照鏡」的忌諱；如果置於宅右的白虎方，稱為「白虎開口」，就更加凶險了。

泳池或池塘形狀，以半月形為最佳，圓曲形次之。半月形的水池，弧在外，弦在內，是玉帶環腰、河山朝拱的水抱大吉格，弧弦不可相反。如果圓弧朝向自己一方，那就變成「反弓刀」；如果泳池或池塘呈尖形，尖角沖射宅居，是為沖剋凶相，對家宅不吉利。在現實生活中，如果尖角正對住宅，水面反光，強光反射入宅，對宅中人也會造成不便。

在住宅的風水環境佈局中，「水」佔的份量頗重，因此噴水池或泳池的安排是否恰當，直接呼應宅中人的吉凶。按照古人的說法，這類靠近宅舍的池塘，無論位置、形狀、大小，都足以影響宅運。

臥室安床有成規

時下仍有不少人深信，床頭向西不吉利，認為對於老人家尤其不利，錯誤以為向西等於「歸西」。有朋友說，這一錯覺可能源於佛陀當年圓寂入滅（進入寂滅境界）的狀況。翻閱佛經，事實並非如此，在風水上更無實據。

據佛經記載，佛陀將入涅槃時，風息林靜，鳥獸止鳴，百花萎謝凋零，樹皮溢出水滴。佛陀以「吉祥臥」的姿勢躺在娑羅雙樹之間的床上，頭向北方，右脇橫臥，面朝西方，兩足上下重疊，弟子圍繞在四周，不斷揩鼻抹淚。佛陀當時充其量只是「面朝西方」而已，並非頭向西方。

床向（即床頭的方向）以吉方為宜，倘若某人的吉方在西，床頭向西不僅不是「歸西」，反而大吉大利。

風水上的所謂吉方，是根據各人生辰八字推算出來的。如果五行屬金或屬水，吉方在西，床頭自然宜向西。因為西方屬金，而且金生水，有相生增旺之效。

命卦五行屬木的人，床頭就不宜向西或西北方了，因為西或西北方所屬的金，對於木有極嚴重的沖剋。如果你命卦五行屬木，就該避開這兩個方位，否則晚上很難安枕，甚至事業、健康和運程都會受到不良影響。

最佳的安床大吉方位，其實是宅中央。因此，在中宮的

風水佈局上，歷來有三宜三忌的說法，第一宜便是「宜臥」（宜安床）。

古時的風水家稱宅中央為「中宮」、「穴眼」，認為該處是氣場能量的源頭，是凝聚旺氣和生氣的核心所在，猶如心臟之於人的康寧，不僅影響宅中人的身體健康，還關乎一宅的盛衰。

床的安放，有以下幾點須留意：一、忌對天窗；二、床頭不宜向著房門；三、床頭不宜安在大窗旁邊；四、床頭之上不宜有橫樑或吊櫃壓著；五、床頭不宜向著隔牆廚房的爐灶位；六、床尾不宜對著神像或鏡子；七、床頭位置不宜安設冷暖氣的出氣口。

最後的第七點，其實牽涉重要的風水因由。床頭位置如果安設了冷暖氣的出氣口，必定損害人體氣場原有的平衡，破壞人體新陳代謝功能，進而導致人體免疫力下降，結果是睡在床上的人百病叢生。

時鐘具備風水功能

傳統的風水理論認為，時鐘既有八卦的化煞功能，又有風水輪催旺的效應，但在運用時卻又顯得極為自然，不露痕跡。

時鐘的顏色，宜配合戶主的五行，藉以強化旺氣，但切忌相剋。倘若戶主五行屬火，那就不宜採用水色（黑、灰、藍）的時鐘了。

時鐘的擺動和打鳴聲可以振發宅中的氣場，使之清新，而且時鐘發出的韻律可給宅中人的成長帶來更多的規律化和節奏感，因此廳堂和房間懸掛時鐘有助加強宅運。室內無人時，時鐘的擺動能令室內靜止的氣場活躍起來，全室充滿活力。

室內擺放時鐘，有幾點須注意。按照風水理論，時鐘有驅煞作用，最宜安放在朝向家宅或店舖大門的牆上，藉此保佑宅中人四季平安。所謂朝向大門，就是從外面進來，推開大門便看到迎面的時鐘。

時鐘切勿安置在睡房房門對開的牆上，如此會將煞氣驅進睡房，對房中人不利。

時鐘不宜太多，倘若擺放錯誤，容易加倍招煞。常見有些人家，大廳放置的時鐘多至四、五個，而且一齊發出嘀嗒

聲，形成噪音。這不僅可能造成聲煞，還造成了形煞，必須避免。

　　宅內太多產生噪音造成的聲煞，對人體的損害極大。專家的研究證實，影響的範圍遍及聽覺、神經、心臟、消化系統、生殖機能以及胚胎發育。長期受噪音侵擾的人，壓力增加，情緒失控，煩躁不安，容易導致精神分裂甚至殺人。前幾年，美國一名男子午睡時難忍鄰居一群孩子嬉戲喧嘩的噪音，心煩意亂之下突發狂性，竟開槍亂射，孩子全部罹難，舉國震驚。

　　此外，聲煞還可引發腎上腺素提升、呼吸加速、血壓升高的跡象，患心臟病的機會增加四成。大時鐘的鐘鳴，馬路上的車聲，以至工地打樁和飛機升降等等所產生的聲響，都不是一般人能忍受的高分貝聲煞。

鏡子容易吉變凶

有些人對鏡情有獨鍾，家裡牆壁盡是大小不一，形狀不同的鏡。廁所固然如是，玄關、走廊、廳堂、廚房、睡房，甚至主人房天花板，處處皆鏡！

鏡子不能胡亂懸掛，倘若錯誤安放，容易變吉為凶，足以損害健康、財運、甚至家人和睦。

鏡在風水上有「照煞」的作用，以之針對沖射而來的凶煞，將煞氣反射回去。古人常以鏡避邪，明代著名醫學家李時珍曾稱許古鏡如劍，「懸大鏡，可避邪魅忤惡」。

有些人家喜歡在睡房床尾對開的地方擺放一面大鏡，自己在床上稍微抬頭就可看到鏡面反映的形象。如此佈置，容易引起夜睡不寧。按照古老的風水理論，床尾鏡猶如「攝魂鏡」，令人心神恍惚，損身傷體，屬於風水大忌。

在臥室擺鏡，除了忌對床尾，還須避免正對房門、書桌或任何吉利的方位，以免因反射作用而引發吉凶錯亂，招致厄運。如果限於實際環境，只能安放在這些地方，那就要設法化解，其中一個方法是用布幔遮掩，需要使用時才拉開。

臥室安鏡位置最宜隱蔽，房門後面或櫃門之內均屬較理想的位置。天花板如果安裝大鏡，反射地板雜物，亦有違天清地濁的風水原則。

古代醫書說，人的陽氣在夜間子時最弱，從弱勢開始逐漸增強，至日間午時最盛。由於夜間陽氣弱，因此民間傳說的「見鬼」大多發生在夜間。如果睡房安鏡不當，黑暗中更容易助長鬼魅憧憧的幻覺，從而加重心緒不安。

月亮門不宜胡亂設置

有朋友置業,購入了一個他們所謂設計「極具特色」的單位。他們所說的設計特色,原來是宅內各房間的房門全部由傳統正規的垂直長方形,改為圓門。

根據經典風水古籍的論述,圓門在風水上稱月亮門,本性屬陰,僅宜設在花園或野外等等白天出現日照、陽氣較盛的地方,忌設陽氣本來已經不足的宅內,以免造成過陰的環境,影響氣場,損害宅運和人運。

按照傳統的風水理論,圓形的月亮門可吉可凶,安置恰當則吉,有利於納福進財、加冠晉爵。富貴人家和官宦之家的大宅、庭園,尤其是陽光普照、陽氣充沛的後花園,最宜設置月亮門。至於普通人家的狹小宅舍,以其陰氣偏重,則不宜設置,以免弄巧反拙,化吉為凶。

在傳統上,無論大宅或一般民居,極少人在宅內設置月亮門,唯一的例外是大宅書房。

大宅書房設置月亮門,須視乎以下三個條件:一、位置氣場較強;二、從窗戶進入的陽光較多;三、主人生辰八字可以配合。總之,宅內設月亮門可免則免。

自古以來,月亮的盈虧圓缺在很大程度上影響人類的日常生活。中國人行之已久的陰曆,就是以月亮的朔日望日為

標準，每月以月亮的盈虧周期作為計算依據。由月球引力導致的潮汐漲退，早已成為古代風水家相地選址時一個重要的考慮環節。

相對於太陽而言，月亮屬陰，因而又名「太陰」。在實際操作上，古代的風水家向來以月陰為佈局的根據。最顯著的一個事例，是「月亮門」。

玄司寧著　《風水縱橫》

港巨富在多倫多大宅

　　多倫多友人來電告訴我：當地著名「富貴區」一幢市值接近四千萬加元的名宅，主人正考慮放盤出售。這幢中東風格的大宅的主人就是有「賭王」之稱的一位香港巨富，現已九十餘歲，目前正在香港安樂窩頤養天年。

　　該幢大宅於三十多年前易手，當年的成交價加裝修費高達八百餘萬加元，一時傳為城中佳話；其後又以大浴缸趣聞成為市井茶餘飯後的談助。事緣新宅主人從歐洲購回一個巨型浴缸，因體形碩大，無法經由大門進宅，最後決定破開浴室屋頂，借助起重機吊起浴缸，放進浴室。

　　我去年在多倫多度假時，友人曾陪伴到此區觀賞，發現在距離該巨富大宅不遠處一幅地積逾二畝的地段上，有一幢面積三萬平方呎的歐洲宮廷式新宅拔地而起，樓底穹頂天花板高達三十八呎，主人房面積接近三千三百平方呎，當時以二千三百萬加元放盤。同行的友人似乎極感興趣，多番詢問該宅風水吉凶。

　　宅以氣旺為吉。風水古籍《黃帝宅經》的翔實分析提到住宅的「五實」、「五虛」，斷言「人少宅大」屬於五虛之一，可令宅中人虛耗，宅局氣弱，最終可能產生門庭冷落車馬稀的景象。因此，倘若家中人丁不多，實在沒有必要購置

大宅。

在宮廷式新宅門口，我順手拿出隨身帶備的探測儀，近距離探測該新宅的電磁場輻射。結果發現，該處面向西南方向的部份地段，探測儀顯示的數值超標，可能嚴重危害人體健康。當時想起了一則歐洲舊聞。

德國有個名叫瑪麗娜的女教師，自從遷入新居，脖子便感到不適，常覺刺痛，群醫束手無策，不知病原，病情每況愈下。其後她接受一位友人的建議，調動睡床的位置。幾個星期後，出現奇蹟，瑪麗娜痛楚突然消失無蹤，不藥而癒。

這可能和地磁輻射有關。睡床和辦公桌如果剛巧安放在地電磁輻射線的交叉點上，便會受到傷害，出現各種病症。關於這方面的更多課題，請參閱本章第八篇，「地輻射與風水」。

高輻射物業避之則吉

日前經過一處正在動土平整地盤的工地，便停步觀察，拿出隨身帶備的探測儀，環繞工地一周，近距離探測該地盤的電磁場輻射。

探測儀在多處地段顯示的數值超標，可能嚴重危害人體健康。將來如果有朋友或客戶打算選購該地段上面的柏文單位，我必定向他們提出「危機警示」。

這是我多年來的慣性動作。我每次經過正在興建大型住宅或商場的工地，必定探測該處的電磁場數據，記錄在案，以便朋友或客戶以後諮詢購置住宅單位或舖位時，向他們提供一個重要參考，避免誤購物業。

這是風水以外的一種助測房屋吉凶的方法，極具參考價值。有些人或許認為風水太玄而抱持懷疑心態，但極少人會懷疑「電磁場輻射危害人體健康」的說法。

有些人貿然購入電磁場輻射超標（超越安全標準）的住宅，遷入之後，發現家人因受電磁場高危數值影響，百病叢生，出現身體不適的情況，後悔已經太遲了。

產生輻射的電磁場，存在於我們生活環境的周圍，大至高架電塔、電纜、電站、發射站、地下礦石、微波爐，小至電腦、手機、未經處理的裝修石材等等。

科學家的研究發現，即使家居只有普通電氣設備而完全沒有稍高數值的電塔電纜，電磁過敏者一接近這些電器，就會出現頭疼、噁心、乏力等症狀，有的皮膚出疹，嚴重者暈厥。對大多數電磁過敏者而言，電磁波令他們在一定程度上感覺不適，無法忍受在城市生活，只能回歸沒有電氣設備的森林。

　　對於一般人而言，如果輻射量低，不足為患，可以不理會。如果量高，達到超標的高危數值，宅中人每天面對無形的潛在威脅，身體受損，無異與虎同眠。

　　每次登門開盤，替客戶揀選房屋，即使羅盤顯示該處坐向、宅運、氣場、卦象、內局間隔和外局環境等等數據全屬上品「大吉」，倘若手上電磁波探測器的液晶屏出現足以危害人體健康的超標毫高斯(mG)，我仍然視為「大凶」類，建議客戶不宜考慮；畢竟「平安」值千金。

地輻射與風水

報載德國有一個名叫瑪麗娜的女教師，自從遷居以後，脖子感到不適，常有刺痛的感覺，連轉頭都困難。瑪麗娜到處求醫，但群醫束手無策，不知病原，病情反而每況愈下。其後，她接受一位友人的建議，調換了睡床的位置，數星期後，出現奇蹟，瑪麗娜不藥而愈。

根據風水理論，每個人都有因應自己時辰八字推算出來的「吉向」——大吉方向。順向則吉，逆向則凶。居所方位或睡眠方位向凶，難免病痛連綿。

地質生物學的研究發現，地球的表面有密如蛛網的地電流穿過，這些地電流和局部地磁擾動而產生的電磁波輻射，即地輻射或地磁輻射，與地下水脈有密切的關係。

科學家說，地下水流動時，可形成一股能損害人體的強大力量的地輻射。在地下水道的交叉處，地輻射的強度特別大。這種能量高於宇宙射線的地輻射，有強烈的貫串力，可穿透地面和水泥地板，向空間作用。人畜長期生活在輻射中心的上方，或者是睡床和辦公桌剛好安放在輻射線的交叉點上，便會受到傷害，出現各種病症。

專家的研究指出，位於地輻射交叉點的房屋，人住進去容易得癌症。有些動物，例如狗、馬，能察覺這種神秘地點

的存在，從不在那裡停留。另有一些動物，例如貓，蛇類，卻偏愛這種地方。原因何在？仍是一個迷。

古代的西歐。有些地方的人在建設一座城池前，照例先讓一群羊到預選的城址放牧一年，再將牠們宰殺，查看肝臟是否出現病變。如果發現異樣，就放棄該地方，另選新址。這是西歐古人趨吉避凶的一個原始而有效的方法，與中國古人的「太保朝於洛，卜宅，厥既得卜，則經營」有異曲同工之妙。

地輻射無影無蹤，平常人無法知其所在，但也不是束手無策。遷入新址，如果有不適的感覺，可能是風水不吉，也可能是受地輻射的影響，不妨先考慮調換一下自己的睡床或辦公桌。

火水不容又一章

　　風水在日常生活中的運用俯拾皆見，有自覺的，也有不自覺的，只是沒有提升到理性認識的層面而已。

　　很多人在選擇住宅時都喜歡有南風窗的房屋，這在實際上已受到風水因素的影響。

　　又例如「陰陽失調」、「火水不相容」等耳熟能詳的說法，同樣包含了風水的道理。

　　廣州《羊城晚報》於1992年三月十八日報導的一則某度假村發生氣體中毒事件，涉及「建築安裝嚴重失誤」，事實上正是工程人員不懂風水道理所致。

　　據當年《羊城晚報》報導，來自安徽的鐵姓旅客偕同妻子入住該度假村752號房後，隨即外出。服務員其後開了煤氣熱水器，以供他們隨時使用。夫婦兩人晚上回來，欲開空調機放出暖氣調節室溫，幾經忙亂，仍然弄不出暖氣，而且還聞到一陣陣異味，只好關機作罷。

　　鐵某妻子後來在用熱水洗頭時，突感頭痛不適，站立不穩，於是登床作息，未幾嘔吐大作。鐵某自己也出現頭暈現象，多次跌倒。

　　他預料可能空氣出了問題，立即趨前開窗，但因視力不清，多次摸索才把窗門開啟，隨後再打電話給服務員求助。

服務員聞訊趕至，送他們夫婦到醫院。夫婦兩人病情頗嚴重，全身抽搐，口唇和面部呈櫻桃紅色。經醫生診斷，判定為一氧化碳中毒。

　　有關部門在出事現場調查和監測以後，發現該度假村的客房設計存在嚴重錯誤——煤氣熱水器和空調機共用一槽，以致煤氣燃燒後產生的廢氣通過空調機的進風口吹入客房，引致旅客中毒。

　　可能當時的建築規例還未趨成熟，或是建築師和當局對那些條例的監管和執行出了問題，導致意外，但根據風水理論，燃燒煤氣的設備屬火，空調機屬水，兩者共用一槽，結果因「火水不相容」而出事。

泰山石敢當

「靈石鎮宅」是中國民間由來已久的傳統風俗。北周庾信《小圓賦》有「鎮宅神以薶石，壓山精而照鏡」之句，意謂要鎮定宅神，使其護衛左右，就必須在建宅造屋時埋石為祭。另據《通俗編》引《墨莊漫錄》一書所載，在唐代大曆五年（公元770年），就有「石敢當」刻石的習俗。

「石敢當」又稱「泰山石敢當」，是民間最常見、最簡便的「靈石鎮宅法」的靈石。每當某宅或某大門受道路、橋樑沖射時，就在正對的地方立一個石人或石塊，上刻「石敢當」或「泰山石敢當」，以此鎮壓不祥，「敢當」凶煞。

「石敢當」主要用於鎮壓道路沖射。其他方面的沖尅，則採用其他刻字的靈石禳解。

風水古籍《陽宅十書》的《論符鎮》篇，對明代通行的靈石鎮宅法有很詳細的敘述。至於在更早的唐代，已有人用石鎮宅。據古人筆記所載：「凡人居宅處不利，有疾病、逃亡、耗財，以石九十斤，鎮鬼門（即東北角），大吉利……人家居宅已來，數亡遺失錢不聚，市買不利，以石八十斤，鎮辰地大吉。」

石頭崇拜是先民的一種自然傾向。人類文明可說是發端於對石頭的運用。

早在原始社會裡，石頭就已受到廣泛的應用。先民利用石頭製成各種器具，並用石頭建屋造墓，甚至磨粉製藥。考古學家曾將歷史上石頭大盛的時代定名為「石器時代」。

　　石頭崇拜反映了不同的風俗習慣，中國人的「靈石鎮宅法」是建築民俗的特色，有其深遠的象徵意義。

　　石頭之外，古人還採用泥土、鏡子、動物骨血、植物板片等物件鎮壓凶煞。古籍記載：「若犯太歲者，主傷家長。用馬蹄二個、虎骨一兩、豬羊血各一斤、桃木板一尺二寸、朱書六甲符埋犯處。」文中的太歲即歲破。

認為不足為信

在古代的史志、類書之中，風水和其他專論陰陽方術之事的項目，全部列入「術數」之內。漢代皇帝注重方術，大大催化了術數的發展。至於歷代文人，一般對術數都保持比較客觀的態度，不偏不倚。他們只是敘述，不作評論。

明代的《永樂大典》、清代的《古今圖書集成》和《四庫全書》等大型類書，都選錄了很多術數著作，未予非議。

當然，在古代文人之中，對術數持反對態度者也大不乏人。就在陰陽五行大盛的漢代，王充就不相信相宅之類的活動。他認為「太歲頭上不能動土」的說法虛妄無稽，痛心世俗「連相仿效，皆謂之然」。

晉代的嵇康，對相宅也有微詞，認為「神祇遐遠，吉凶難明」。在風水著作盛行的隋唐時代，詩人呂才力排眾議，聲稱「舉世相惑以禍福，終莫悟雲」。

此外，北宋的司馬光寫過一篇《葬論》，認為「人之貴賤貧富壽夭繫於天，賢愚繫於人，固無預於葬」。他甚至曾經要求朝廷禁印葬書。

北宋時反對陰陽家學說的還有理學家程頤。他說：「卜其宅兆，卜其宅之美惡也，非陰陽家之所謂禍福者也。」因此，他不贊同堪輿家「擇地之方位，決日之吉凶」。

到了元代，有一位名叫趙汸的文人，反對郭璞的《葬書》最為激烈。他說，《葬書》認為「神功可奪，天命可改」簡直就是「欺天罔神，謗造化而誣生民」。

明代術數復興，但持反對態度者也大有人在。張居正、朱彥修、胡翰、羅虞臣、項喬等名士就是其中之一批。

嘉靖進士張居正所寫的《葬地論》，對葬地吉凶能影響人的禍福的說法提出批駁，認為「悉妄也」，不足為信。

附錄一：如何揀選吉利旺宅

八運宅風水較佳的六個門向
（2004年2月4日立春後落成的房屋）
- ✔ 大門向丑：東北偏北 22.5 度—37.5 度
- ✔ 大門向巽：東南 127.5 度—142.5 度
- ✔ 大門向巳：東南偏南 142.5 度—157.5 度
- ✔ 大門向未：西南偏南 202.5 度—217.5 度
- ✔ 大門向乾：西北 307.5 度—322.5 度
- ✔ 大門向亥：西北偏北 322.5 度—337.5 度

七運宅風水較佳的六個門向
（1984年立春至2004年立春前夕落成的房屋）
- ✔ 大門向卯：東方 82.5 度—97.5 度
- ✔ 大門向乙：東南偏東 97.5 度—112.5 度
- ✔ 大門向辰：東南偏東 112.5 度—127.5 度
- ✔ 大門向酉：西方 262.5 度—277.5 度
- ✔ 大門向辛：西北偏西 277.5 度—292.5 度
- ✔ 大門向戌：西北偏西 292.5 度—307.5 度

六運宅風水較佳的六個門向

（1964 年立春至 1984 年立春前夕落成的房屋）

- ✔ 大門向艮：東北方 37.5 度—52.5 度
- ✔ 大門向寅：東北偏東 52.5 度—67.5 度
- ✔ 大門向甲：東北偏東 67.5 度—82.5 度
- ✔ 大門向午：南方 172.5 度—187.5 度
- ✔ 大門向坤：西南方 217.5 度—232.5 度
- ✔ 大門向庚：西南偏西 247.5 度—262.5 度

（篇幅所限，請恕未能列舉 1964 年立春前另外六個天運落成房屋的較佳門向。）

附錄二：加拿大報紙專訪文章

一個人戴五頂帽——專訪傳奇人物玄司寧
記者：黃珮雯

　　化學工程師、投資顧問、資深風水導師、報紙專欄作者、持有國際認可翻譯文憑的譯者，五頂南轅北轍的不同帽子，戴在同一個人頭上。你可曾見過？

　　由於工作關係，這位「門撒會」(Mensa) 會員（該會是國際高智商人士的組織，成員智商均高於148），足跡遍佈大半個地球，連一向鐵幕低垂、極少容許外人進入的北韓，也有他的蹤影。幾年前，他還先後在澳洲墨爾本和菲律賓居留、工作，時間長達兩年，可謂國際視野廣濶。

向外籍人士傳授風水

　　這位頭戴五帽的傳奇人物，正是人稱「寧哥」的玄司寧 (Cyril Yuen)，也是本報讀者熟悉的《風水述趣》專欄作者。他可算是半個教育工作者，因為在香港正有三名外籍人士，其中包括一位英籍建築師，利用業餘時間跟隨他學習陰陽五行、生剋制化之類的風水術數。

玄司寧二十年前在香港完成中學課程後，赴笈加拿大卡加利深造，後來轉至魁北克省，考入世界著名的麥基爾大學攻讀化學工程，研究環保課題。

　　學成歸港之後，玄司寧搖身一變，投入蓬勃興旺的金融業，在一家大行任職投資顧問。記者有次登入他的網頁，瀏覽他對黃金走勢的中英文分析和預測，事後果然全數應驗，一如他的風水命理推算，確然不同凡響。

能寫會譯樂此不疲

　　大學時代，他已開始在魁省一家報紙的副刊撰寫專欄，議論環保問題。目前在本報執寫的《風水述趣》，是他多年來跟隨一位佛門得道高僧鑽研歷代風水典籍的一些心得。

　　玄司寧文筆流暢，深具文采，不僅能寫，而且能譯。他持有英國語文學家協會的七級翻譯文憑（DipTrans IoLET），是具國際認可專業資格的譯者。在香港證券交易所排山倒海陸續上市的新股，大批厚而重的中英文招股書之中，有不少都有玄司寧在背後的譯筆參與。

　　一人戴五頂帽，雖覺沉重，但玄司寧似乎樂此不疲，戴得滿心歡喜。

　　　　　　　　——原載 2009 年 11 月 20 日《教育時報》

www.ingramcontent.com/pod-product-compliance
Lightning Source LLC
Chambersburg PA
CBHW071232080526
44587CB00013BA/1580